「ねばならない」を捨てて生きる

矢作直樹

GENTOSHA

はじめに

昨年（二〇一九年）秋から今年（二〇二〇年）の初めにかけて中国湖北省の大都市・武漢で新型コロナウイルスが蔓延《まんえん》、ウイルスは瞬《また》く間に世界中に拡大しました。皆さんも日常が一変したのではないでしょうか。

移動、食事、仕事、勉強、交流、購入、生産、受験、治療、販売、消費——、ウイルスはありとあらゆる活動を変化させます。

日本人は諸外国に比べて高い衛生観念を持つ国民性（生活習慣）ですが、生活の隅々へと静かに侵入するウイルスには防御の限界があります。

そこで考えて欲しいこと。それはウイルスも私たちと同じエネルギー体という事実です。不必要に恐れて闘う対象とすれば相手も猛威を振るいます。

だから私たちはできる限りのことをやったら、今後はウイルスと共存（共生）するという気持ちに切り替えるしかありません。ウィズコロナです。

ただそうなると、これまでの生活は変わります。

あたりまえのように行なっていたことができなくなり、綿密に立てたスケジュールが変更される過程でがっかりしたり、失望したりと、強い感情の揺れが生じることもあるでしょう。長期の予定を立てていた方は気の毒です。

でも、あえていいます。

日常が昨日や今日の連続だと考えることが、そもそも間違っています。これまで出してきた様々な著書で、私は次の言葉を繰り返しました。

一つ目は「すべては学び（学習）」
二つ目は「武士道の心構え（覚悟）」
三つ目は「常に変化する（無常）」

学習、覚悟、無常。この三つは人生そのものです。

いい出来事も悪い出来事も、私たちにとっては学びです。

出来事を学ぶため、体験するため、体験してどう感じどうふるまうのか、それを獲得するために、私たちはあの世からこの世に転生しました。

そんな現実の世界で必要となるのが、武士道の心構えです。

なにかが起こるかもしれないと準備する。肚《はら》を据える。なにがあっても慌てず「そういうもの」と受け入れて対処する。あるがままと感じる。そして今この瞬間を大切に。それが武士道の心構えであり、まさに覚悟。

さらに、日常はいつも同じではないということ。諸行無常《しょぎょうむじょう》であり、常に変化します。昨日や今日と同じ日が明日も来るという保証はどこにもない。

つまり「あたりまえはない」ということです。

あたりまえという意識が脳から抜けないから、突然の出来事に驚いて体が動かなくなってしまうのです。逆に「そういうこともある」と考えられれば、どんなことが起きても現実的に対処しようと動けます。

あたりまえを捨てる。「～せねばならない」という意識を捨てる。

さほど難しいことではありません。

常人離れしたことでもやらないと、あたりまえを卒業することにならないのではと考えている方がいるかもしれません。

そうではなく、日常に根ざしたことを変えるだけであたりまえ精神や自分を縛る世間常識（ねばならない精神）を簡単に捨てることができます。

本書では、文脈によっては非常識な表現だと思われることを前もってお伝えした上で、あたりまえをやめる方法をご提案します。

世界が大きく動く中、ほんの少しでもお役に立てれば幸いです。

「ねばならない」を捨てて生きる　目次

第二章 ウィズコロナは「非常識」で生きる

第三章 縁を切られたらありがとう

第四章 アフターコロナの免疫と健康

附章 すべてはあの世から始まる

第一章

9割の苦労はしなくていい

ノープランが一番いい

新型コロナウイルスの騒動で、頻繁に耳にする言葉があります。

それは「スケジュールが狂った」あるいは「予定が白紙になった」という悲鳴です。私の周囲でも様々な声が聞こえてきます。

スケジュールを作って臨《のぞ》む、予定を立てる。

これまではそれが世間常識といわれましたが、私はあえて「ノープラン」をお勧めします。適当であいまいなほうが楽に生きられるからです。

仕事など業務と呼ばれるものについては、ある程度のプランやスケジュールが必要でしょう。そうでないと経済が回りません。だから私がここでいうのは、プライベートに関することだとお考えください。

ではなぜ、あいまいがいいのか？　ノープランがいいのか？

なんでもかんでも目標設定することで、知らないうちに自分の首を絞めてストレスまみれになるからです。疲れ果て、体が痛み、心がささくれ、イライラが募る。そう感じる大きな原因に目標設定があるのです。

人生を振り返ると、私自身は病院での業務以外で目標設定したことがありません。数年先までにこうなりたいとか、四〇歳、五〇歳、六〇歳でこうなる、こうしようとか、一切なし。なるようになるとだけ考えました。実に適当です。

どんなに目標設定しても、人生には見えない転換点があります。いつ、なにが起きるかわからない。新型コロナウイルスなんて最たるものでは？

ノープランな人生は楽しいです。先のことを設定しないから、なにがあっても柔軟に対応できます。今やりたいと思ったことをすればいいのです。

目標設定することで疲れ果ててはいませんか

アフターコロナの世界を誰が予測できただろう

苦労はしないほうがいい

好き好んで苦労する必要もありません。

仕事でも趣味でも結果としてする苦労はともかく、まるで苦労することが目的のように話す経営者や有識者がいます。全く時代に合っていません。

「若い頃の苦労は金を出してでも買え」

そういう言葉が今もありますが、そんな重たい精神論を説く人がいつまで経っても減らないから、日本の社会が前に進まないのです。

この思考は昭和です。昭和という時代は大好きですが、この思考は古い。しかも時代は平成を終え、令和。世代を超えて新しい価値観を共有する時代です。

はっきりいいます。

「しなくていい苦労が九割」

暴論と批判されるかもしれませんが、それくらいに感じます。

苦労ではなく、工夫。

私たちに必要なのは工夫です。苦労が先ではなく工夫すること。工夫は新しい会社、新しい自分、新しい文化を創造します。工夫は壁を越えます。

苦労のすべてを否定するわけではありません。結果としてする苦労は財産の一つです。自分を成長させる原動力になります。でも苦労は目的ではない。

それに仕事に集中して取り組んでいるときは、「今、苦労している」とは感じないものではありませんか。これは「極限の集中状態」にあるからです。いわゆる「中今《なかいま》」です。英語ではゾーンとかフロー体験といわれます。

極限の集中状態を得るには、その瞬間に集中すること。今を楽しむこと。今を楽しむためには、苦労ではなく工夫する。

古い精神論は捨てたほうがいいでしょう。

ただ今、この瞬間に集中する

苦労ではなく、工夫が人を成長させる

わかり合う作業をやめる

わかり合うという作業に時間を費やすのもやめること。暴論といわれそうですが、これが私の結論です。一切気にしない。時間がもったいない。しょせん人間はわかり合えません。限界があります。よかった、わかり合えた——、そう喜ぶのはその人の勝手ですが、この世界でわかり合えるのは、実は自分自身だけ。うっかりするとそれも難しいです。共感幻想もほどほどにしたほうが賢明です。

他者とわかり合えたと感じるのは、自分が妥協しているか、相手が妥協しているか、お互いが気を遣って無意識で折れているか、そのあたりです。

私も経験がありますが、人間関係で最も疲れるのは過剰な気遣いです。

なぜ過剰な気遣いが生まれるかといえば関係を壊したくないからで、なぜ関係を壊したくないかといえば、相手とわかり合えていると思っているからです。

しかし、しょせん人間はわかり合えないという事実を知れば、不必要な気遣《きづか》いをしなくていい。かなり楽になります。ストレスも生まれない。相手に嫌なことをいわれ、不愉快なことをされたら、ただちに関係を切れます。

たまに親しい人たちから、私は言動に気遣いがないといわれます。

これは世間的には非常識ということですね。でも、自分としては常識だと思っています。気を遣ってばかりいると自分を見失うからです。

皆さん、「自分」に一致してください。

これは「自分の中心に戻る」ことであり、つまり「中今」（今この瞬間を大事にする、今ここに集中する考え方）です。

中今を体感できたら、もうそれで十分。他者とわかり合う必要はありません。

そしてどんなに親しいと感じても距離をとりましょう。お互いのために。

非常識といわれることを怖れない

親しい仲でも適度なディスタンスをとる

うるさいときは秩序を守る言葉を

うるさいと感じたら、ときには「静かにしていただけますか」と声に出すことも大事です。

日本人には公共性を大事にする特性があり、我慢強い性質は海外でもよく知られていますが、それは国内、それも自分が慣れ親しんでいる生活空間（自分が所属する環境）での「暗黙のルール」に過ぎません。

そうではない場所、つまり自分がよく知らない場所で不当に文句をいわれるとか、理不尽なことをされても我慢すればいいかといえば話は別です。

我慢は美徳といわれますが、それにも限界があります。理不尽な状況でまるで羊のように黙っていると、単に自分が傷つくだけでなく相手も勘違いします。

だからときには声に出し、相手の理不尽さを断ち切ること。その場で断ち切らないと、ネガティブな空気が自分の領域に入ってきます。

「静かにしてください」

日本人同士だけでなく、外国人が相手でも遠慮せず使うこと（言葉の問題はありますが）。

諸外国の人々にとって「堪《た》え忍ぶ」という行為は美徳ではありません。自分の正当な権利を、最初から放棄しているとしか目に映らないのです。日本人というのは自己主張の弱い民族であると、現在も諸外国の学校教育で伝えられているのは、私たち自身の立ち居振る舞いの問題なのです。

その昔、金融市場で「物いう株主」という言葉が流行《はや》りましたが、そろそろ私たちも「いざというときに物いう国民」という態度を取るべき時期です。

ネガティブな空気を断ち切る勇気を持つ

理不尽を許容したり、我慢したりするな

✧ 知らない横文字は使わない

理解しがたい横文字を使うのもやめる。

コンプライアンスという言葉を多用する人がいますが、卑屈《ひくつ》なまでに米国流に合わせようとする態度が理解不能です。横文字がカッコいいとでも思っているのでしょうか？　法令遵守といえばいいし、わかりやすくいえば「守るべきこと（やってはいけないこと）」。小学生でも理解できます。

マーケット、ルール、ネット、ストレス、ビジネス、エネルギー、スケジュール、これらは言葉としての汎用性《はんよう》が高く、定着していることもあって問題ないと思いますが、最近は使うことで逆に日本語の意味を伝達しにくくなる横文字が増えました。とくにビジネス用語では意味不明な言葉が多い。

ローンチ、コミット、コアコンピタンス、アジェンダ、サステナビリティ、コンセンサス、ダイバーシティ、カンファレンス。どれも不要です。

マウンテンバイクは日本語訳が難しい（表現が長くなる）ので、私はそのままマウンテンバイクと使います。日本語の中に概念として存在しないものが海外から輸入された場合、むしろそのまま使うほうがいいでしょう。

まずは、正しい日本語から。

母語のおかしくなった日本人が増えることほど、悲しい現実はありません。

ハンパない（半端ない）と口にする人が増えましたが、正しくは「半端じゃない（半端ではない）」。行動とか感情を表わす接頭語としての「クソ（糞）」も若い子を中心に広がっていますが、こんな単語を使ったら会話が汚れるだけ。ヤバい（やばい）という言葉を褒《ほ》める状況で使うのもおかしい。

スピリチュアルという言葉も使いません。そんな歴史の浅い横文字を使わずとも、古来の「霊性」といえばいい。日本人なら腑《ふ》に落ちるはずです。

小学生でも理解できるいい方がある

日本語を正しく美しく使う

本は紙で読むのが一番

スマホで本や漫画を読む人が増えましたが、私は紙で読みます。

デジタルで情報は読み取れますが、本という物理的な存在から伝わる、匂い、重み、形、デザイン、紙質——、五感を刺激するエネルギーはデジタルには存在しません。アナログとしての本は中身の情報を読み取るだけでなく「五感を鍛える」存在でもあるのです。

紙の本は場所を取るとか、邪魔だという人もいます。

約一万冊の本をデジタル化（ＰＤＦ化）し、現物としての本をすべて裁断して廃棄した結果、パソコンに入れたＰＤＦを一度も開かなくなったという友人もいました。デジタル化すれば本棚は不要ですが、積極的に読むわけではありません。

本棚にあれば、ふと手に取って読んでいるかもしれません。

書店に行くことも重要です。見たこともない本、知らないジャンルを、あえて手に取る。未知の世界が広がっています。これぞ知の探求。

書店が重要なのは「商品の一覧性」があるからです。視覚に入る本は、すべて膨大な情報として脳に入ります。こういう刺激はネット通販にはありません。ネットに依存すると、情報が偏《かたよ》るだけでなく脳への刺激が急速に減ります。

絵本もときどき買います。イソップや日本の昔話だけでなく最近の絵本や児童書も読みます。漫画も買います。手塚作品はよく読みました。『セーラームーン』にも感心させられました。『ワンピース』も完読したいと考えています。

日本のアニメはレベルが高く素晴らしい。映画が絶好調のアニメ監督・新海誠《しんかいまこと》さんは無意識レベルでのあちらの世界とのエネルギー交流でヒントを受け取っているのでしょう。その意味で新海監督は漫画家の美内《みうち》すずえさんや一条ゆかりさんらと同じく第六感が鋭いかもしれない、と勝手に感じます。

知らない分野、読んだことのない作家にふれてみる

絵本や漫画も脳を刺激する

お金を貯め込まない

お金は貯め込むだけでなく、なるだけ使いましょう。

最近はそれぞれの世代に向けて、お金の稼ぎ方とか資産形成とか様々な本が出ています。書き手の多くがお金の専門家を自称する方です。

そういう本の読者の大半は、将来が不安、世の中がどうなるかわからない、という恐怖心を保持しています。でも、ちょっと考えてください。将来という時間には現在も含まれます。現在（今）の連続こそ、将来（未来）です。いきなりある日、未来がバンと登場するわけじゃない。

将来が不安なら、今の自分のためにお金を使う。どうなるかわからない未来に怯《おび》えるのではなく、もっと「今」を大事にしませんか？

私自身、お金を貯め込むとか、資産形成は一切していません。

「宵越《よいご》しの銭は持たない」とまではいきませんが、地方に行ってタクシーを使ったらお釣りを受け取らないとか、必ずその地でお金を使うとか、そういうことは心がけています。神社にお参りしたら財布の中にあるお金をすべて賽銭箱《さいせんばこ》に入れているという知人もいますが、これもその人なりの方法でしょう。

明朝、確実に目が覚める保証があるでしょうか？　そんな保証など誰にもないはずでは？　私たちは意外と危うい可能性の中で生きています。

病気になったらどうするのと尋ねる人もいますが、最低限のお金はとっておきませんか？　前述した「今の自分のためにお金を使う」ということには、自分の体を労《いたわ》ることも含まれています。

お金を使う（＝社会で回す）と、回り回って自分にも返ってきます。

社会の全員が使えばきちんとお金が循環し、経済は活性化します。逆に貯め込むと循環が滞《とどこお》るので経済は活性化せず、自分にも返ってきません。

将来が不安だからこそ、今の自分に投資する

世の中全体で使えば、自分にも返ってくる

不織布と布マスクの違い

新型コロナウイルスの騒動で最も注目された衛生用品といえば、マスク。品薄で暴騰し行列が生まれて争奪戦――、毎日ニュースで流されました。生産体制が落ち着き始めると市中に供給される数も増え、高騰した値段が急落。買えなかった人たちが布マスクを着用し始めたのも、その要因の一つかもしれません。

そもそもマスクは自分を守り、他人に感染を広げないという趣旨で着用を勧められました。ところがマスクの効能というのは咳やくしゃみで飛散する飛沫《ひまつ》をとらえるくらいで、それより小さい飛沫（エアロゾル）は飛散します。素材や形状、着用の仕方、あるいは使用する期間で効用は異なり限定的です。

素材には大きく分けて、不織布《ふしょくふ》と布（ガーゼ）があります。

医療用マスクは不織布製で、一般用の市販品も大半は不織布製です。不織布製マスクは三層タイプが多く、真ん中の層の繊維が電気を帯びており、それでウイルスをとらえる仕組みです（詳細な説明は省きます）。

次のコメントは空気感染力の強かった新型インフルエンザが流行したときの新型インフルエンザ専門家会議（二〇〇八年九月二二日）での提言です。

「一．症状のある人が咳・くしゃみで飛沫感染をさせないよう不織布製マスクの着用を推奨（咳エチケット）。

二．不織布製マスクで環境中のウイルスを含んだ飛沫はある程度補捉される。しかし健康な人がこのマスクの着用で飛沫を完全に吸い込まないようにすることはできない。……」。また、「布マスクは環境中の飛沫を捕捉するには十分な効果が得られない。咳エチケットとして使用することは可能であるが、フィルターの性能を考えると不織布製マスクがない場合に使用を検討する」。

だからわざわざ中国産のマスクを購入することに、血眼《ちまなこ》にならなくていいのです。

感染予防に決定的な効果はない⁉

マスク購入に血眼にならなくていい

✳︎コメンテーターを信じない

ワイドショーに出て、ガヤガヤ喋っている人たちの発言を信じないこと。テレビ局の意向を汲《く》んだ発言しかできないからです。

人間は視覚と聴覚を重視します。コミュニケーションではその能力をフル活用できますが、だからこそテレビのような不特定多数に訴える媒体に出る人物（著名人と呼ばれるような人）の言葉に取り込まれがちです。テレビの視聴では、思考を司《つかさど》る脳の前頭前野の働きが低下するという調査結果もあります。

コメンテーターは自分の利益にかなうから、そう発言しているだけ。ギャラ（お金）、好感度、商売、権威、様々な利益です。声が大きい人、わかりやすいキーワードを連呼する人、他者の話を聞かない人、わざと炎上させて目立とうとする人。テレビでこういう人物に注目すると、視聴者は自らの頭で考えなくなります。新型コロナウイルスの騒動で露呈しましたが、科学者でもないのにあたかも科学者然と喋《しゃべ》るコメンテーターは愉快犯そのものです。

たまに「社会のため」とか「国民のため」と口にする人がいますが、本心でそう思うなら狭い収録スタジオで言いっ放しにするのではなく、ただちに行動を起こしているはず（ごくたまにそういう人もいますが）。

国内広告費の内訳でインターネットがテレビを抜いたと報道されましたが、これは時代の流れだけでなくコメンテーターのミスリードも一因だと考えられます。年配層はテレビを信じてネットを信じない。若年層はテレビを見ないでネットを信じる。情報を受け取る側にも、世代間格差があります。

テレビを見るなというのではありません。ドラマやドキュメンタリーは私たちを楽しませてくれます。でもコメンテーターの発言は耳障《みみざわ》りなだけ。自分は安全地帯にいながら、視聴者の不安を煽《あお》るようにしか見えません。

情報は受け取る側も試されている

テレビは脳の前頭前野を退化させる

陰謀はあらゆる場所にある

今、メディアに関する話をしましたが、例えば世間が「陰謀」と呼んで笑い、いじったり、茶化したりしがちな情報には、真実も存在しています。

別の表現を借りれば、世界を動かす流れには大多数の人々が陰謀と呼んで信じようとしない要素が豊富に含まれている、ということになるでしょうか。

そう書くと、私も陰謀論者だと自称常識人たちからバッシングされるかもしれません。しかし様々な可能性を考えることは大切です。

陰謀というのは知られないようにするはかりごと。多くの人には隠されて進められる目論見《もくろみ》のことであり、簡単にいえば隠し事のことです。

この世界には「高度な隠し事」が星の数ほど存在します。

戦争にまつわる隠し事、歴史や文明にまつわる隠し事、メディアにまつわる隠し事、天地創造にまつわる隠し事、事件や事故にまつわる隠し事、政治や経済にまつわる隠し事——、ありとあらゆる場所に隠し事が存在します。

例えば会社や様々な集団の中にも、大なり小なり陰謀が存在します。すべてをオープンにすることはできません。

その上で一般人が知り得ない高度なレベルの陰謀も存在しますが、そういうレベルになると見抜けません。でも適度なレベルの陰謀なら、それを知る人たちがヒントを出します。UFOのように膨大な数の偽情報（フェイクニュース）の中に一つだけ本物の情報を混ぜるとか、そういう方法で世に出されます。先ほど真実が存在すると述べたのは、そういう意味です。

たまにゲームチェンジャーと呼ばれる人が、なにかの陰謀を暴いて脚光を浴びることがありますが、高度な陰謀は決して暴かれません。庶民にわかるような動かし方をしないからです。ある意味、それもルールです。

世界を動かす
高度な隠し事がある

新型コロナは某国陰謀説の根拠は？

第二章

ウィズコロナは「非常識」で生きる

✳買い物では国産品を買う

スーパーマーケット、コンビニなど、小売店では中国製の安い商品が棚の主流ですが、安い商品には安いなりの理由があります。素材、生産・工程、衛生という面で、問題の多い商品が山のように存在します。

でもメディア、とくにテレビはCMスポンサー企業に忖度《そんたく》し、その問題を放送に乗せようとしません。テレビ局も利益重視の民間企業なのです。

新型コロナウイルスの騒動で、マスクの争奪戦が発生しました。

マスクが店頭から消えた瞬間、通常価格の数倍から数十倍という高値をつけ、ネットで売られました。人の道に反する行為です。マスクのない恐怖に駆られ、飛びついて買う人が大勢いました。

安くても問題ある商品、足元を見るような高い商品。こうした価格競争に巻き込まれると、最善の方向を考えられなくなります。だから無視するのが一番。

最善の方向というのは一部の誰かがいい思いをするのではなく、世の中全体が「正の回転」をする状態。近江商人はこれを「三方《さんぽう》よし」と表現しました。売り手よし、買い手よし、世間よし。これが正の回転です。

私は買い物に行くと、なるべく国産品を購入します。

スーパーマーケットには世界の様々な国で作られた商品がありますが、外国産に比べると国産品は高いので商品によっては売れ残ることもあります（毎日完売する国産品も数多い）。

地産地消という視点で考えると、日本人は国産品を食べるほうがいいのです。日本の土地で作られた素材が、日本人である自分に良質なエネルギーを与えるからです。量より質、身土不二《しんどふに》。

安い商品には
安いだけの理由がある

日本人には日本の土地のエネルギーを

ゴミを出さない

ゴミを出さないこと。

できるわけがないと反論されそうですが、一切のゴミを出すなというわけではありません。ゴミ屋敷を推奨するわけでもありません。

なるべくゴミを出さないよう、必要最低限の買い物しかしないということです。

この思考がゴミ処理でパンクする社会を救います。つまりゴミを出さないように行動するだけで世界を救えるのです。

私は週に一度か二度ゴミ（可燃ゴミ）を出します。ほんの少しです。

今の自宅に引っ越して四年少々ですが、ペットボトルなどプラスチック系や段ボールなど資源系のゴミは三週間に一度くらいのペースで出します。それでもまだ多いなと感じます。まだ減らせるぞと。

なるべくゴミを出さないように、私は三つの方法を実践しています。

①加工品を買わない

②エコバッグを持参する

③野菜と果物を中心に購入する

これだけです。たまに総菜を買うときにプラスチック系のゴミが出るくらいです。レトルト系の食品も買わないので、包装箱や包装紙といったゴミも出ません。難しいでしょうか？　でも体のことを考えると誰もが私と同じやり方で買い物をすると思います。

ゴミ処理技術については微生物由来の方法などが考えられていますが、個人にできるのはまず買い物の内容を見直すことでしょう。

環境負荷を減らす思考と行動を

買い物は必要最低限におさえる

できるだけ遠回りする

できるだけ遠回りするのも、面白いと思います。

体調にもよります。時間や心に余裕があるという条件付きで。

約束の時間が迫っているのに遠回りはできません。ただし、約束の時間に十分間に合うような形での遠回りならできます。

なぜ遠回りを推奨するのか？　それは意図的に自分に刺激を与えることができるから。この場合は脳内報酬系です。

脳は不安、それも生命に危機が及ぶようなレベルの不安ではなく、自分にとって未知の世界との接触というレベルの不安に出合うと喜びます。これが脳への刺激です。その程度のレベルなら誰もが実現可能でしょう。

私はランニングやウォーキングを趣味でやりますが、いつもは走らないコースを走ると、この先はどうなっているかなと興味津々です。知らない道を走って遠回りすることで脳が喜ぶのです。だからときどきコースを変えるし、予定の時間もオーバーします（つまり遠回り）。

でも、こういう時間はムダじゃありません。

いわゆる「ムダの効用」はどこかの時点でよい方向に作用します。

結婚生活がムダだったと離婚経験者の多くが話しますが、結婚しないとわからないことを学べます。回り道しないと学べません。読書をしていると「ああムダだったな」と思うことがあるかもしれませんが、似たタイプの本を読まないようにと警戒心が芽生えます。あんな友人と付き合ってムダだったと後悔するかもしれませんが、そういうタイプと自分は合わないのだと自己分析ができます。

余裕があれば、遠回り。

時間に縛られないように。

未知の世界とのコンタクトで脳は活性化する

ムダな読書から
よい本と出合えることも

掃除は定期的にしない

掃除は定期的にしなくていいと思います。定期ルールなど不要です。

私は決まったスケジュールで掃除をしません。汚れに気がついたときだけ、その部分の掃除をします。

そもそも使う頻度が部屋によって違います。だから汚れたら（目についたら）掃除すればいいと思っていて、そこに詳細なスケジュールを入れると精神衛生上、かえってよくないと。心に圧をかけては元も子もないと思うからです。

書斎の机上も片づけません。整理整頓や片付けが好きな人が見たらギョッとするレベルかもしれませんが（本も資料も山積みでその山があちこちに存在）、新しい本や資料がそこに乱入して溜まったら適当にどかすようにしています。どれをどかすかはそのときの主観です。そして思いたったときに片づけます。

片付けが苦手ですかと聞かれたこともありますが、そうじゃありません。

片づけるという作業にエネルギーを使って心地よくなるよりも、自分が気持ちいいと感じる空間で作業する心地よさを優先したいのです。そのほうが片づけなきゃという強迫観念に囚《とら》われなくて済みます。

今、エネルギーという言葉を出しましたが、人間は「居心地のよさ」に差があります。私は現状の乱雑さが心地よい、でも別の人は整理整頓された空間が心地よい。だから互いに干渉しない。これがエネルギーの上手な使い方です。

占術や霊能を生業《なりわい》とする人の中に「乱雑な状態だと気が乱れる、運気が落ちてしまう」と口にする人がいますが、気の流れというのは自分がいかに心地よいかという心の状態で決まるもの。個人差があります。

むしろカオスな状態、カオスな空間のほうが創造性や霊感が高まるという人もいます。定期ルールで自分を追い詰めないこと。気をつけてください。

乱雑な部屋のほうが心地よい人もいる

カオスの空間でこそ創造性が高まる

✳食品は嗅げばいい

賞味期限、消費期限。食品には衛生上の決まりがあります。

賞味期限はおいしく食べることができる限界、消費期限は食べることができる限界（その日を越えたら食べないほうがいい限界）です。詳細は消費者庁や農林水産省や厚生労働省などの公式ページでご確認ください。

日本では食品流通において厳しい条件が課されていますので、賞味期限を多少越えても食べられるし、お弁当、パン、総菜、生菓子、肉類など、急速に劣化しやすい食品には、ちゃんと消費期限が設けられています。

ただし食品流通をめぐっては、そんな条件面での厳しさが裏目に出ることもあります。その典型が「食品ロス」の問題でしょう。

食品ロスというのは「まだ食べられるのに捨てられてしまう食品」のこと。日本国内では、食品廃棄物の総量が年間二五五〇万トン（事業系や家庭ゴミを含めて）、このうち食品ロスと呼ばれる量は六一二万トンです（二〇一七年度・環境省の発表）。

この数字は世界の食糧援助量（約三八〇万トン）の約一・六倍です。期限の設定基準が厳しいのは安心できますが、その一方で、どんどん作ってどんどん廃棄する社会の仕組みが定着してしまったというわけです。

だから期限を超えていてもにおいで確かめること。嗅《か》いだり見たり五感で確認すれば大抵わかります（わからないなら表示期限に従えばいい）。

逆に瓶《びん》詰め食品はいったんふたを開けると空気が入り込んでカビが発生しやすくなり、表示期限より早く劣化します。嗅ぐ以前に見た目でわかります。

そういう事実を踏まえた上で、なるだけ食品ロスを減らせるよう表示期限に依存せず、まず嗅ぐ、見て確認する。五感トレーニングにもなります。

一人ひとりが食品ロスを減らすことができる

賞味期限と消費期限は違います

逃げるのは本能的に正しい

学校、会社、家庭、知人友人など、私たちは様々な集団に属していますが、どうしてもそこにいたくないと思うなら別の場所に逃げればいい。

逃げるな戦え、逃げる奴は卑怯者——、強気な発言をする人もいますが、生物学に照らすと「逃走」は本能的に正しい行為なのです。

人間は追い込まれて自死するために生まれてきたわけではありません。生きて多様な経験をするために生まれてきたわけで、そのために逃げることは恥ずかしいことでも卑怯なことでもありません。

そこに至る前提として、今の環境を改善する努力は必要です。

誰それに嫌われているので辞めたいという理由はよく聞きますが、一方的な攻撃ならともかく、中には自分にも原因があるケースだってあります。人間は意外と自分のことは見えません。

してもらって当然、と思っていることだってあります。

ごく自然にそう思ってしまっているのです。そんな言動が積み重なると相手は自分に対してうんざりし、怒りやいらだちを増します。その結果、ある日を境に空気が変わり「知らぬは自分ばかりなり」となる状況もあるのです。

だからまず自分を取り巻く環境を分析し、改善できるように行動する。状況を分析するときはなるだけ感情を除く。それでも改善が見られない場合には別の場所に逃げる、というか移動すればいい。そのレベルになると、仮に自分にも原因があるにせよ修復が難しくなります。

ただし、すでに心身に被害を受けているのならさっさと逃げること。悠長に構えている場合じゃありません。我が身を守ることが先決です。

自分の安全は
自分で守る

なぜ、あの人は
あなたを嫌うのか？

約束以外の時間は気にせず

私はふだん、腕時計をしません。

病院勤務のときはしていました。救急という部門であり時間に追われていたからです。でも時間に追われることがなくなったのでもう腕時計は不要です。

私より上の団塊の世代の方々は、会社勤めがないのに腕時計をしている人が大勢います。ファッションでしている人もいますが、中には「していないと落ち着かない」という人もいます。そろそろ手放してもいいのでは？　時間を気にする生活を捨て、自分を解放したほうがいいのではないでしょうか。

枕元には、目覚まし時計も携帯電話も置いていません。気になるものは一切置かないことにしています。すべて体内時計で間に合います。

夜寝る時間はまちまちですが、朝はだいたい同じ時間に起きています。地方に行くときや誰かに誘われて夜どこかで食事するようなとき以外は、すべて同じサイクルで回しています。約束以外の時間を気にすることはありません。

誰かとの待ち合わせや会社（団体）との面会などは、時間が決まっているので気にします。人によっては病院で診察を受ける予約時間や薬を飲むタイミングは約束でしょうし、始業時間や電車や飛行機に乗る時間も約束でしょう。

だから自分の生活において、約束以外の時間について一切気にしないことにしたらどうでしょう？　これなら会社員にもできるのでは？

実は一日中、ずっと時間を気にしている人のほうが多いという話を随分前に専門家に聞きました。とくに日本人はせっかちです。そういう特性だからでしょうか、日本の街中にはあちこちに時間がわかるものが設置されています。小売店でも飲食店でも入ると大抵は時間がわかります。

わかるのは便利ですが、時間に縛られない。大きなストレスになります。

腕時計は見ずに、体内時計を感じる

朝同じ時間に起き、夜眠くなったら寝る

助けたら逆にお礼をいう

人助けというのはなにもお礼をいわれるためにするわけではありませんが、お礼をいわれて気持ちの悪いものでもありません。

逆に、お礼を伝えてみませんか？

つまり、

【自分が誰かを助ける↓その助けた相手に自分がお礼をいう】

ということ。

重い荷物を代わりに持つ、体の不自由な方を介助する、できる範囲で友人の相談に乗る。なんでもいいのですが、こういう場面で相手から「ありがとう」といわれることが大半だとしても、あえて自分から感謝の気持ちを込めて「ありがとう」といってみる。

キツネにつままれたような方が多いかもしれません。

この理由は二つあります。

一つは、情けは人のためならずという視点。

やや俗っぽい理由ですが、世の中というか社会が「循環」という見えない法則で成り立っていることを理解できれば、後に、自分が困っているときに誰かに助けられるかもしれません。

他人に助けられた上にお礼までいわれる――。となると助けられっぱなしではなく、自分だって誰かを助けたいと大勢の人の意識が変化します。

もう一つは、脳への刺激です。脳内報酬系としての研究も盛んです。

誰かを助ける行為は脳にとって大きな刺激であると同時に、魂にも影響します。

社会的に役立てたという刺激と、理屈じゃなくて誰かを助けたという魂向上の機会が手に入る。一石二鳥です。

助けられたら、助けたくなる

ありがとうが魂を向上させる

合理性よりインスピレーション重視

前項で述べた「助けたら逆にお礼をいう」は直線的な発想ではありません。

つまり「自分は○○をしてもらった↓お礼をいうのはあたりまえ」ではないという意味です。

助けたほうがお礼をいうのは直感に基づく発想です。直感とは霊感であり英語でいうとインスピレーション。上からスッと降りてくる一条の光です。

助けられたからお礼をいう、これは直線的な発想であり、直線的な発想は私たちの経験値（＝蓄積データ）に基づきます。経験値はもちろん大事ですが、経験値が状況を改善させないこともあります。

新型コロナウイルスの騒動で世界が混乱していますが、こういう事態ではそれまで持っていた経験値が通用しないことが発生します。経験値としてはこうだろう、脳もこうだろうと判断するけど、うまくいかない。

なぜか？　それは直感を考慮しないから。

脳は合理的、直感は感情的と表現されますが、それほど単純ではありません。前述したように、直感とは霊感、すなわち私たちの肉体から乖離《かいり》した高次元レベルからのメッセージです。脳は三次元レベルでの経験値に基づく判断しかできません。ある程度までは経験値で判断すればいいですが、大事な判断、ここ一番の判断をするときは、合理性だけではなく直感も使ったほうがいい。

今後はビッグデータの活用で生活が大きく変わると思いますが、なんでもかんでもデータを優先するのではなく、自分がどう感じるかが大切です。

考えず、感じる。人間は直感という霊感を備えた存在です。

なお、経験値は恐怖を引き寄せるのが得意であり、直感は恐怖と無縁です。くれぐれもネガティブな情報に振り回されないでください。

考えすぎず、直感も使う

コロナウイルスは経験値を吹き飛ばした

「何もすることがない」よき日

スケジュールを埋めようとするのは強迫観念から生まれた習慣です。

新型コロナウイルスの影響で「スケジュールが真っ白になった」と慌てる方が大勢いますが、私は逆にいいチャンスだと思います。

なにもしない、なんの予定もない日々や時間を大勢の人が嫌いますが、その理由は「まるで自分の存在価値がなくなるように感じるから」だと思います。

なにかをする予定もなく、誰かに会う予定もなく、どこかに行く予定もない空白の時間を、自らの存在価値と照らして怖れる。その結果、無理にでもスケジュールを埋めよう、空白を作らないようにという、変な習慣が生まれます。

私は空白を喜んでいます。スケジュールが空いていれば「体を休ませることができる」と嬉しくなります。予定は無理に入れません。でも自分がやりたいことなら喜んで引き受けます。これから時代が大きく変化しますが、そろそろ空白を怖れず、空白を埋める習慣を捨てて、空白を楽しんでみませんか？

同時に被害者意識も捨てましょう。これも悪しき習慣です。

行政や他人に期待したり依存したりするのではなく、自分で自分の身を守ることに徹する。新型コロナウイルスに関していえば、完全なワクチンやウイルスを壊す薬などないので、結局は日々の生活と心持ちが大切になります。

そういえば印鑑の必要性も新型コロナウイルスをきっかけに見直され始めました。印鑑は歴史と伝統のある道具であり、日本人の長きにわたる習慣ですが、新型コロナウイルスの騒動では印鑑の持つ「不便さ」が明白になりました。

手続きの省力化には大いに賛成です。稟議書《りんぎしょ》などオンラインで済む場合はそうすればいいし、それ以外をどうするか分ければいいのではないでしょうか。棲《す》み分けができれば、なんでもかんでも印鑑をという悪しき習慣は改善されます。

空白を埋めるのではなく、楽しみましょう

コロナが日本のハンコ文化を終わらせる

自動車もバイクもいらない

いきなりパッと手放すのは無理だとしても、自動車やバイクに頼る生活も見直しませんか？　私は公共交通機関以外ですと、自転車と徒歩の生活ですが、体幹を鍛えてくれる上に燃料費などの維持費がかかりません。健康も維持してくれるので病院のお世話になることも皆無。

周囲でも、自動車を手放して電動アシスト自転車に代えたことで快適になったとか、歩きが主体になって健康になったと語る人が少なくありません。

距離があるから自動車やバイクがないと不便というなら、バスや鉄道がありま す。かなり遠くへ行くなら飛行機があります（私自身は鉄道で行ける場所なら飛行機では行きませんが）。昔と違って病院や介護施設に出かける人向けのタクシーもあります。燃料代や車検など自分で車を維持・運用するための固定費を考えると、手放して身軽になった上で他の手段をそのときの状況次第で使い分けるほうが、ずっと安上がりだと思います。交通事故の加害者になることもありません。経済を動かす上で、トラックやタンクローリーなど大型貨物車両という存在を今すぐなくしてしまうことは現実的ではありません。私がいいたいのは社会を維持する上で最低限の交通・輸送機能を除き、個人としてはお金もかからず環境にも負荷をかけない交通手段でいいのではないかという提案です。

とくに高齢者にお伝えしたいのは、免許返納による自己の解放です。

どこへ行くのにも車を運転していた人は免許返納がまるで戦地からの撤退のように感じられるでしょう。負け戦だと。自分にはもうなにもないと。

逆です。返納することで自分を解放できます。易《やす》きに流れることなく、運転手として使われることもなく、自分の足で人間らしく生きることができます。

歩きながらゆっくり眺める景色ほど、美しいものはありませんよ。

ガソリン代0
医療費も少なくなる

足で歩くと美しい景色が見えてくる

キャリーバッグを捨てる

前項で、徒歩の効用にふれましたが、速く歩こうとしないことも大事です。急ごうとしない。焦らない。

息を切らさない（息が上がらない、息切れしない）ペースです。

息切れする状態を続けるとストレスホルモンの一種であるコルチゾールが大量分泌され、結果として大量の活性酸素が作り出されるので老化が促進されます。

だから、スローなウォーキングを私は心がけています。

そこで意識することは「ゆっくりと、しなやかに」。

ゆっくりと、道を占領することなく、しなやかに歩く。柔和と譲歩の心。

無理せず、ゆっくり歩くと想像以上に筋肉を使います。

適度な負荷で効能も多いのです。速く歩いていると筋肉や骨格に無用な負荷がかかり、積もり積もった影響が、あるとき一気に出るかもしれません。風景はゆっくり歩くほうがじっくり楽しめます。ゆっくり、じっくり。

徒歩の話のついでですが、多くの人がガラガラと引くキャリーバッグ。

あれも不要です。今ではどこに行っても見かけます。

老若男女を問わずあたりまえのように携行していますが、それが路上で幅をきかせるからケガをしたり揉《も》めごとの原因になったりします。手に持てなかったら背負えばよい。

キャリーバッグは海外から入ってきた発想ですが、大量に詰め込めるバッグを持つことで「審美眼《しんびがん》」が衰えます。本当に大切なもの、価値あるものを選ぶ能力は重要です。

日本人は効率のいい風呂敷を活用してきた民族なのに、なぜこんなものに依存するのか理解に苦しみます。さっさと捨てましょう。

息が切れないペースで歩く

本当に必要なものは
風呂敷一枚に収まる

使いづらい部屋に住む

体を甘やかさない。これはいくつになっても大切なことです。

今はどこもかしこもバリアフリー化が盛んですが、なんでもかんでも便利で楽ちんにしてしまうと人間は怠けます。キャリーバッグが審美眼の衰えを促進するなら、バリアフリーは運動機能の衰えを促進します。

人は、楽をしたい、甘えたいと、志向するもの。

では楽をさせて甘やかすと、どうなるか？

まず筋肉が衰えて体の動きが鈍くなります。体の動きが鈍くなると内臓の動きも鈍くなり免疫力が下がります。脳への刺激が乏しいので記憶力や空間認識力が衰えます。健康という面で一つもいいことがありません。

体は使わないと錆《さ》びます。私は五キログラムのお米を六袋くらい入れたリュックを背負って自宅の階段を昇降しています。あくまでも趣味でやっているわけですが、確実に筋肉と体幹が鍛えられるのがわかります。

たまに山を散歩（山歩《さんぽ》）することがあるので、その役にも立っています。もちろんそんなことまでやる必要はありませんが、体はある程度の負荷をかけてあげると細胞の新陳代謝が活発になり、老化速度を遅くする一助となります。

自宅内での段差を取り払うと歩く上で突っかかりません。あちこちに手摺《てす》りを設置するとよかったという安堵《あんど》感に浸れるでしょう。

でも、その突っかかりが筋肉に刺激を与えます。転ばないようにと動くので体幹バランスが整う上に、筋肉の衰えを防止します。

手摺りも同じこと。手摺りだらけの安心感より、多少の不便さをわざと作った上で乗り越えようとする挑戦心を持ってください。刺激が生まれます。快適さと衰えは紙一重。むしろ使いづらさを愛しましょう。

バリアフリーで衰える体もある

筋肉の衰えを防止し、挑戦の心を生む

エレベーターやエスカレーターを使わない

エレベーターやエスカレーターも使わない。あえて乗らない。

絶対ではないですが、なるだけ使わない。体を痛めている、どこか壊しているようなとき以外は階段を使う。夏季は屋外の階段を使うと汗まみれになるので、そういう季節は無理をしません（それが好きな方もいますが）。

できる範囲でいいので階段の昇降をする。転倒防止に大いに役立ちます。知らず知らずのうちに腸腰筋《ちょうようきん》が鍛えられるからです。

腸腰筋というのは腰椎《ようつい》と大腿骨《だいたいこつ》を結ぶ筋肉で、大腰筋《だいようきん》（背骨と両脚の付け根を結ぶ）と腸骨筋（骨盤と両脚の付け根を結ぶ）からなります。つまり腸腰筋は、背骨、骨盤、股関節、三つの部位にまたがる大事な筋肉なのです。

普通に昇降できるなら一段飛ばしでやってみる。下りは勢い余って転びかねないので上りでやるほうがいいでしょう。一段飛ばしができれば二段飛ばしに挑戦してみる。くれぐれも無理しないこと。段の高さは場所によって差がありますので。

時代は進み、いつしかエレベーターやエスカレーターに乗るのがあたりまえになりました。乗ってあたりまえ、使ってあたりまえ。なんでもかんでも便利になるのを見るにつけ、個人的には違和感を拭《ぬぐ》えませんでした。

でも最近、キャンプなどアウトドアや日曜大工（DIY）が流行っているのを知って思いました。不便さや手作りを求める志向は時代が便利になればなるほど強くなるのだと（コロナの影響もありますがそれ以前からの傾向として）。

DIYやキャンプは、時代の便利さから距離を置くいい訓練にもなります。健康志向の広がりもあり、高齢者が階段を使う風景をよく目にします。よいことだと思いますが、くれぐれも無理はしないでください。

上り階段は一段飛ばし、二段飛ばしに挑戦

腸腰筋を鍛えて、転ばぬ先の予防策

スマホは切っておく

昼はスマホをマナーモードにしておく。夜は外出時以外は本体電源を完全に切る。

なにをいっているのかと思われそうですね。

ふとしたきっかけから携帯端末であるスマホを持つことになりましたが、やはり合わないのでしょうか。着信音が気になる上に、夜にかかってくるとせわしないので、自営業になってから私は常にこうしています。

スマホに電話がかかってきても、気づかないことがよくあります。

着信履歴を見て、親しい人なら折り返しかけています。今は自分の都合で持っていますが、世間の便利さに無理に付き合う必要もありません。

逆にお尋ねしますが、今すぐ電話に出ないといけないほどの急ぎの用事というのが、それほどありますか？　さほどないのでは？

ある知人はこう話していました。

「老親が生きているときは離れて暮らしていることもあり毎日のようにかけたりかかってきたりしていたが、両親ともに亡くなるとそれ以上に重要な連絡というのがなくなった。だから今は電話に出ない。メールやＬＩＮＥで十分」

その気持ち、よくわかります。別の知人はこう話していました。

「スマホにかかってくると、やっぱり出ないと悪いなあと思ってつい出ます。でもそうすると、いつも出てくれる都合のいい人だと思われているようで、どうでもいい内容の電話が増えて困っています」

ゲームへの依存と同じく電話に依存する人が数多く存在するので、自分から態度を明らかにしない限り、そういう人にずるずる引っ張られます。相手の都合に合わせているだけの時間は、もったいない時間です。

着信履歴で必要があればかける

電話依存から脱却
自分の時間を大切にする

宗教行事にこだわらない

宗教行事への執着もほどほどにしませんか？　ちなみに私自身は無宗教ですが、宗教を大事にする方の気持ちは尊重します。でも執着しなくていいのでは？

私たちがあの世に戻ると、この世で信じてきたことのほとんどがどうでもいいことだとわかります。そのときに備えるという意味でも偏らないほうが楽ではないかと思います（この世の生活も楽になる）。執着は時間が経てば経つほど強い欲へと変わります。しかも無意識ですから、自分でもそこに気づきません。

これまで自分が亡くなる前に、様々な準備を積極的に行なうことはありませんでしたが、最近は「終活」で人生を見つめ直す人も増えたようです。

誰もが死を前提とした持ち物の整理、自宅の売却、遺言状の作成、葬儀やお墓の準備など、やりたくないからです。できれば長生きしたい、いつまでも元気でいたい、それが大半の本音です。だから終活という言葉が登場したとき、世の大勢《たいせい》は遠目に見ている感じ、冷ややかに見ている感じでした。

それが今では多くの人がエンディング・ノートを購入し（遺言）、先祖代々のお墓を閉じ（墓終《はかじま》い）、合祀墓《ごうしぼ》や集合墓を検討し（永代供養《えいたいくよう》）、死後に家族や世間に迷惑がかからない形にしたいと考え始めました。

私は死後、ある大学に献体登録しているので、トラブルがなければ大学の納骨堂にて合葬《がっそう》される予定です。両親もそこにいます。戒名も墓石もありません。納骨堂へのお参りは毎月行なっていましたが、二〇一八年春のお参りで「もういいよ」という声が聞こえ、その日を境に行くのをやめました。儀式から解放された気分でした。

宗教行事は遺族側の感情と宗教側の都合が共鳴したイベントです。あの世の方々は全く気にしていません。感謝の気持ちこそ最上の供養なのです。

この世のあたりまえは
あの世ではどうでもいい

感謝の気持ちこそが最上の供養

第三章

縁を切られたらありがとう

年賀状もお中元も出さない

年賀状も暑中見舞いもお中元もお歳暮も、出す必要性を感じません。暴言でしょうか？　伝統的な挨拶《あいさつ》だからやるべき——、国民の義務だと思う方はそういわれるかもしれませんが、私は出す必要を感じないという話です。

年賀状についていえば、出さなくなってもう五年になります。

その前から前年にいただいた方に出す方式を採っていましたが、三〇〇〇通を超える年賀状を毎年いただく上に、エクセルでのリスト作成、毎年のように発生する名簿の入れ替え、変更点のチェックと修正作業が大変だったため、徐々に返事を出す数が減り、ついに出さなくなりました。

後ろめたい気持ちはありました。年賀状を出さないことに対してではなく「ちゃんと区切りをつけず、なんとなくやめてしまった」ことに対してです。

でもある日、その話を知人に打ち明けたら「五年も出していないのだから今さらご挨拶を出すのは変だ」と笑われました。彼いわく、こちらが五年出していないのに年賀状をくれる人はその人の都合で出しているのだから、一切気にしなくていいのだと。ちなみに彼は周囲に年賀状をやめる宣言をして私より前にやめましたが、それでも毎年、少しだけ受け取るそうです。

暴言ついでにいうと、年賀状を一切やめてから快適です。

習慣的に年賀状をやりとりしている人が大半でしたから、知らないうちに私の中で巨大化したひっかかりが一気に解消された感じです。

せっかく本書執筆の機会をいただいたので、ここで宣言します。

不肖《ふしょう》、矢作直樹。年賀状をやめました。これまでいただいた皆様、心から感謝を申し上げます。私の動向や連絡についてはSNS（公式ホームページ、フェイスブック、ツイッター）をご覧ください。宜しくお願いします。

なんとなく
フェードアウトでよい

伝統や儀礼を
ストレスにしては意味がない

大半のメールには返事をしない

メールも毎日のようにたくさん届きますが、その大半に返事をしません。

すぐ返事ができるもの（可否がすぐにいえるもの）には早めに返事をし、考えないといけないようなものは時間をかけた上で返事をします。正直にいうと、後で返事を、と思って忘れてしまうことがほとんどです。

そして最後のタイプが一番多く、よって「大半は返事しない」のです。

ここだけの話、読んでいないメールもあります。

なぜ読まないのに中身がわかるのかといえば「わかるから」としか答えようがありません。また、非常に説明が難しいのですが、それとは逆に「これは読まないといけない」と直感したメールはどこに埋もれていようともパッと探して読めます（説明が難しいので直感ということにします）。

そんなこんなで未読メールが九八〇〇通超あり、毎回、一万通に達したら一気に消すようにしています。選びません、悪《あ》しからずご容赦ください。

なんて失礼な奴だとお怒りの方がいらっしゃるかもしれませんが、この方法でないと自分の生活を維持することがかないません。

面白いもので、返事しないで放っておいたメールの差出人の方々からしばらくすると「ところであの件ですが解決しました、失礼しました」という、ありがたいメールが送られてくることが多々あります。

要するに最初から私が関与する必然性はなかったわけです。

皆さんも日々、メールを出したり受け取ったりしていると思いますが、それが本当に時間をかけて返事をする価値のあるものかどうか、一度見直すことをお勧めします。誰かに悩みを相談され、他人事《ひとごと》なのに自分事にしてしまって悩んでしまう繊細な方もいますが、それこそムダな時間だと気づいてください。

時が経てば
自然と解決する
難題もある

他人事をわが事として
悩む必要はない

固定電話には基本的に出ない

メール同様、固定電話にも基本的には出ません。

補足しておくと「電話に出る相手は少数に絞り込んでいる」ということ。したがって、それ以外の大半の電話には出ません。

非通知、〇一二〇発信、登録のない番号には、出ません。登録のある番号でも、やりとりしている実績のある方以外、基本は出ません。

そうすると留守電が溜まりますが、大半がどうでもいい（私から見てどうでもいいという意味）内容ですから、ある程度まで溜まったら一気に消します。

これが固定電話での対応です（スマホは第二章でお話しした通り）。

そもそも、電話がめんどうになりました。

相手の時間を奪うし、自分の時間も奪われます。この「時間を奪う」という感覚は、生活が便利になればなるほど薄れた気がします。

電話は時間を奪うだけでなく居場所を固定し、エネルギーを消耗させます。

スマホなど携帯電話なら移動しながら話せますが、固定電話は移動できません(子機を持ち歩く範囲も限定されます)。電話は機器のバッテリー消費を加速させるだけでなく、電話を受けた人間のエネルギーも消耗させます。疲れる人もいるでしょう。

だから本当に必要なこと以外、こちらからも電話しない。

オオカミ少年の寓話《ぐうわ》のごとく、しょっちゅう電話していると本当に重要なことがあって電話をかけても「またどうでもいいことでかけてきた」と相手に認識され、電話に出てもらえない確率が上がります。

必要なものはなにか、必要な人物は誰か。

嗅覚は常に磨いておきたいものです。

必要な用件と必要な人を吟味する

時間泥棒は大きな罪である

ピンとこない仕事はしない

新型コロナウイルスの騒動があったからというわけではありませんが、基本的にはピンとくる仕事以外は断る。そういう時代かなと感じます。

会社員の方は「絶対に無理」と思うでしょうが、これが理想です。

ごく一部、断れないことが私にもありますが（昔の付き合い上のことで）、それ以外のピンとこない仕事は、すべて断っています。

食べていけないないだろうという失笑が聞こえそうですが、我慢してストレスを溜めてまで仕事をしているから病気になったり、人間関係が険悪になったり不安になったりするのではないですか？

大学を退官すると連絡は激減します。どうでもいい連絡は山のようにありますが仕事につながるような連絡は減ります。

そんな状況なのに、なぜピンときた仕事だけやりたいのかといえば答えは簡単です。「人生の時間が限られているから」つまり、いつ死ぬかわからないからです。

宮仕え（勤務者）の時代は、面白いとか面白くないとかいう前に目の前の仕事をこなすのが義務でした。でもそこから解放されたなら自由にふるまっていいのかなと。自分の食い扶持《ぶち》を稼げばいいわけです。

私は山歩《さんぽ》（登山）を趣味でやっていますので、冬季はほとんどの依頼を断っています。代わりに春季～秋季に仕事をします。

フリーランスで仕事をするようになって思うのは、意外と時間が「ぶつ切り」になること。勤務医だった時代では考えられないほどのぶつ切りです。だから面白い仕事に絞りたい。時間と労力のバランスは大切です。

あなたも私も
いつ死ぬかわからない

自分の食い扶持を稼げばあとは自由に

自営業を目指す

仕事の話の延長でいえば、自営業を目指すのも面白いと思います。

会社員、サラリーマンは生活が安定しています。毎月ちゃんと給料が振り込まれるからです。

大学病院に勤務していた、かつての私もそうでした。そこは全く否定しません。営利の集団は福利厚生なども整っています。

私がピンとくるといったのは、そういうことまで踏まえた上です。なにかやりたいことがあるなら、それが組織という枠で難しいなら、さらに自分にとって面白いと感じることなら、やってみるのも悪くないのではという意味です。法人の存在価値が変わろうとしている時代の節目は、チャンスでもあります。

ただし、仕事の内容や稼ぎ方は様々であり、まさに十人十色です。

自営業者には決してなるなかれと多くの経験者がネット上に書いていますが、こういう辛《しん》らつな情報も事前にしっかり読んだほうがいいでしょう。

その上で「なにをしたいのか」と「なにができるのか」を自己分析する。

そこができないうちに見切り発車すると、こんなはずじゃなかったという憂《う》き目を見ます。スタートのタイミングも大事だし少しの勇気も必要です。

自営業者には利点があります。束縛されない点です。長く救急・集中治療部門に勤務していた私には天国に思えます（あくまでも個人の感想です）。

企業の下請的な仕事をするなら、ある程度の束縛はやむを得ませんが、それでも自宅での仕事なら通勤がなくなるし、納期までに仕事を仕上げればいい。その意味で「時間を使う主体」は自分になります。ここは大きい。

加えて思うこと、それは「自分が主催（主宰）する」ことの重要性です。

自宅で仕事をこなすという発想

アフターコロナは主体的に働くチャンス

すぐ解決しようとしない

すぐに解決しようとしない、これもお勧めです。

どういうことか？

即決できないことを塩漬けにすると、自然と解決することが多いのです。

そこに時間や労力といったエネルギーを注ぐ手間暇が省けます（医療関連など生命に関わることや国家の存亡に関わることなどは除く）。

たまに「解決しなくてもいいんじゃない？」と口にしますが、そういわれた人は驚きます。そこで説明しない私にも責任はあるのですが。

考えてみてください。熟考しないといけないこと、議論する必要があるものを急いで解決しようとしていいのか？　本末転倒ではないかと。

メールの大半に返事しないと先述しましたが、これがいい例です。しばらく放っておくと、不思議なほど多くが解決に至ります。すぐ対処しようとすると手間がかかります。急いで解決しようとすればするほど、ことの本質が見えなくなるのです。近づこうとすればするほど離れてしまうわけです。

古来、日本人は「善処《ぜんしょ》する」という言葉を好んで使います。海外では通用しませんが、日本人同士ならこの言葉が緩衝材《かんしょうざい》になることも多いのです。ダメ、無理、そうはっきりいわれると傷つきますが、善処するといわれると静かに期待値を下げることができる。物はいいようです。

先送りは、決して悪いことじゃありません。

問題や課題を先に送る、解決までの時間を増やすことで解決のための材料が増え、より適切な判断ができることも多いのです。

もっと時間をかければよかったと思うこと、皆さんにもありませんか？

郵便はがき

料金受取人払郵便

代々木局承認

6948

差出有効期間
2020年11月9日
まで

1518790

203

東京都渋谷区千駄ヶ谷4-9-7

(株)幻冬舎

書籍編集部宛

1518790203

ご住所 〒 都・道 府・県	
	お名前《フリガナ》
メール	

インターネットでも回答を受け付けております
http://www.gentosha.co.jp/e/

裏面のご感想を広告等、書籍のPRに使わせていただく場合がございます。

幻冬舎より、著者に関する新しいお知らせ・小社および関連会社、広告主からのご案内を送付することがあります。不要の場合は右の欄にレ印をご記入ください。 不要 □

本書をお買い上げいただき、誠にありがとうございました。
質問にお答えいただけたら幸いです。

◎ご購入いただいた本のタイトルをご記入ください。

『　　　　　　　　　　　　　　　　　　　　　　』

★著者へのメッセージ、または本書のご感想をお書きください。

●本書をお求めになった動機は？

①著者が好きだから　②タイトルにひかれて　③テーマにひかれて
④カバーにひかれて　⑤帯のコピーにひかれて　⑥新聞で見て
⑦インターネットで知って　⑧売れてるから／話題だから
⑨役に立ちそうだから

生年月日	西暦　　　年　　月　　日（　　歳）男・女			
ご職業	①学生	②教員・研究職	③公務員	④農林漁業
	⑤専門・技術職	⑥自由業	⑦自営業	⑧会社役員
	⑨会社員	⑩専業主夫・主婦	⑪パート・アルバイト	
	⑫無職	⑬その他（　　　　　）		

このハガキは差出有効期間を過ぎても料金受取人払でお送りいただけます。

ご記入いただきました個人情報については、許可なく他の目的で使用することはありません。ご協力ありがとうございました。

近づこうとすれば
本質から離れていく

「善処します」は実は日本人の知恵

ハグや握手ではなくお辞儀を

新型コロナウイルスの影響と考えられますが、欧米で日本式の挨拶がニュースになることが増えました。日本式の挨拶、それは「お辞儀」です。

かつて多くの欧米人は、お辞儀する日本人をとても卑屈な連中だと笑いました。ハグやキスや握手があたりまえだった彼らの挨拶も、パンデミックを機に変化するかもしれません。

お辞儀には二つのルールがあります。

①お辞儀と言葉を同時にしない
②状況で腰を折る角度を変える

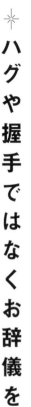

会釈《えしゃく》一五度、敬礼三〇度、最敬礼四五度。会釈はすれ違いざまの挨拶、敬礼は目上の方や取引先への挨拶、最敬礼は感謝や謝罪です。

首だけ上下させるとか、何度もぺこぺこするのは、お辞儀ではありません。上半身をスッと腰から折り、静かに傾けて静かに戻す。これがお辞儀です。

ではなぜ挨拶がお辞儀なのか？　それは日本人が古来「相手の気を読む」ことに長《た》けていたから。私たちにはそういう能力があるのだと知ってください。

気を読む——、それは相手のエネルギーを読むこと。

かつて世界中の民族が日本列島へと渡り、様々に交わって生まれた日本人（とその遺伝子）は、わざわざ濃厚接触しなくても相手の気を読むことができます。

お辞儀はエネルギーの交換です。それと同時に「場の空気（場のエネルギー）」も形成します。互いに美しいお辞儀がなされれば、その場は純度の高いエネルギーで満たされます。ソーシャル・ディスタンスのお手本は日本人なのです。

ソーシャル・ディスタンスは日本人の得意技

美しい所作はエネルギーの交換である

わからないことは考えない

考えてわからないなら考えないこと。すぐにやめることです。

「下手の考え休むに似たり」

これは、よいアイデアも知恵もないまま延々と考えたところで単に時間を浪費するだけ――、そんな意味の格言です。

「来年、地球が滅びる」と耳にしたとします。ネット上には自称予言者がたくさんいます。日々、様々な予言が飛び交っています。しかしそんなことをいわれたところで、個人レベルではどうにもできません。

「少子高齢化で日本が滅びる」といわれても、自分はどうすればいいのか。今から子どもを一〇人、二〇人、頑張って授かって育てれば解決するのか？　あるいは億万長者になって日本国に一〇〇〇億円くらい寄付すればなんとかなるのか？

そんなわけがありません。

自分がどうにもできないことには関わらない、考えない。

どうしてそうなのかと考えたところでわからないわけだし、なにかよさそうな解決案も出せません。それこそ余計なこと。地球が滅びるとか、日本が滅びるとか、そんな大層な話は「誰に責任があるのか？」もわかりません。

集合意識、潜在意識という言葉を聞いたことがあるでしょうか？

これは私たち個人をつなぐ、高い次元に存在する共有のサーバみたいなものですが、そこでなにか想念が生まれ広がると私たちが生きている世界全体の意識に影響を与えます。悪い想念が広がれば悪い現実が登場する、いい想念が広がればいい現実が登場する。調和も不調和も、すべて意識から始まります。

だからこそ、悪いイメージをわざわざ持たないこと。わからないことを無理に考えないこと。たったそれだけで、悪い現実の登場を防げます。

コロナウイルスで日本が滅びることはない

わざわざ悪いイメージを持たない

運動は「やるべき」と頑張らない

掃除は定期的にしないと述べましたが、同じく運動も定期的にしなくていいと思います。多くの方にそう話すと「えっ、運動は定期的にしないとダメでは？逆じゃないですか？」と反論されますが、実はそこが問題です。

決めたことをやれる人はそれでいい。しかしできない人も大勢います。物理的、時間的にできない人もいるし、精神的にできない人もいます。人はそれぞれ事情が違う。やれと一律に押しつけるのは無理があります。

それに定期的にやらなきゃと頑張ると必ずストレスになります。知らないうちに「やるべき」と考えてしまう。勉強、食事、掃除、整理・整頓などで習慣化の重要性が説かれますが、その習慣化こそ負担だという人も多いのです。

ただし運動は大切。しないよりしたほうがいい。筋肉への刺激や骨格の適正バランスを確保できるし内臓も適度に動いて揺れると活発になります（とくに胃や大腸や小腸などの消化器官）。だから息切れしない程度にやればいい。

長時間の激しい運動では多くの疾患のもととなる活性酸素が大量発生し、血管の老化が進みます。自律神経のバランスも崩れます。国民が等しくジョギングする必要はありません。むしろ歩く（ウォーキング）ほうが健康にはいい。適度な縄跳びもいい。部屋で簡単な筋トレをするのもいい。ストレッチや柔軟体操もいい。空いている時間を使って、やりたいときにやりたい運動を無理のない範囲でやるのがいい。まずは体を動かす満足感を得ること。

やりたくなければやる必要はありません。でも健康が気になるという方は自分に無理のないペースで、心を追い込まない程度にやってみる。もし定期的にやれそうならやればいいし、気が進まないならお休みすればいい。

動きたいと思ったときにパッと動く。そこが大切です。

長時間の激しい運動は老化の元凶

ウォーキングもストレッチもやりたいときにやる

墓参りはしたいときにする

ご先祖様を怖れるのもやめましょう。

宗教行事に執着しない、こだわらないと先述しましたが、これはその延長線上にある考え方です。とくに日本人は伝統的に畏怖《いふ》心が強い。

ご先祖様への感謝と同時に心のどこかで怖れている人もいるでしょう。自分はちゃんと供養できているのかという不安、怒られないかという心配。まじめに先祖供養を行なう方々ほど、そういった恐れを持つ傾向があります。

お墓参りをしないといけない、法要を行なわないといけない。「ねばならない」という気持ちが強いほど自分を追い込み、やがてはストレスに変わります。本来は苦しみを消す立場なのに、逆に促進してしまうのが宗教かもしれません。

よく耳にするのが法事や法要の料金。一般人がわからないからと結構なお金を頻繁に取ろうとするお寺も多く「金額が少ないとご先祖様が悲しみますよ」などと平気で口にする宗教者もいます。人の道を説く資格はありませんね。

中には終活の墓終いで数百万もの離檀料を要求されたケースもあります。そんなことをするから宗教からどんどん人が離れるのがわからないのでしょうか。

まじめな読者にお伝えします。

お墓参りも法事も自分がやれる範囲でやればいい。お参りはしたいときにすればいいし、できなくてもいい。宗教法人が文句をいうなら離檀すればいい。今は離檀専門の業者が多くあります（お寺と一切会わずに安く手続きできる）。

お寺がうるさいから、あの世がうるさいから、そう考えるのもやめる。

お寺がうるさいのは自分たちの収入を増やすため。あの世はそもそもうるさくありません。宗教とは人間が作った癒《いや》しの仕組み。この世限りの演出です。

くれぐれも距離感を誤らないこと。適度に距離をとり、執着しないことです。

あの世の人は、うるさいことはいいません

お寺や宗教とは適度に距離をとる

ご縁がなくなっても

誰かに縁を切られたら、むしろ感謝しましょう。

これまでありがとうございましたと。相手に面と向かっていうのは難しいでしょうから、心の中で伝えればいい。私は昔からやっています。

SNSでも散見されますが、ご縁という言葉がときにストレスに変わることがあります。本来は素晴らしい言葉ですが、ご縁ご縁と喧伝《けんでん》されると大安売りにしか思えません。多用すればするほど押しつけに変わるのです。

縁というのは、見えない部分でのエネルギーのつながりです。

だから「ご縁がありますね」とわざわざ口に出す必要もない。相手と出会っていること自体、縁によるものだから。浅い縁と深い縁がありますが、あまり複雑なことまで考えず、その人と自然体で交流すればいい。

縁を切るとか、縁を切られるというのも、実は自然なことです。

縁切りは相手との「学びの時間」が終わったということ、だから別に悪いことじゃありません。学びの長さは人によって違います。

ともに学んだ時間に対して、ともに学んでくれた相手に対して、感謝の気持ちを込めて「これまでありがとうございました」と心でお礼をいえばいい。

今あるご縁に感謝し、そのご縁がなくなっても感謝する。

すべての前提は感謝です。

友人の顔ぶれが変わるように、ご縁も一生の間に変わります。

増えることもあれば減ることもある。年齢を重ねるにつれて減るので寂しく思う人も多いかもしれませんが、それが自然です。無理に増やす意味なし。

縁が生まれる、縁が消える。すべては学びの時間であり、この世とあの世におけるエネルギーの流れです。

相手との学びの時間を大切に

人間関係は自然体で深追いしない

第四章

アフターコロナの免疫と健康

風邪薬は飲まない

体調の悪いときに風邪薬（このような薬を専門用語で「対症療法薬」といいます）を飲む方、大勢いらっしゃるでしょう。

しかし実際は、飲んでも飲まなくても治るまでの期間は変わりません。解熱剤や咳止めや頭痛薬など、ドラッグストアに行けばありとあらゆる薬が所狭しとばかりに陳列されていますが、あくまでも症状を和らげるのが目的です。

根本的な治療にならないばかりか、体にマイナスに働くことさえあります。眠気、喉の渇き、脱水感、下痢、便秘、湿疹・発疹、胃痛、関節痛、倦怠《けんたい》感、腸管障害などの副作用（体調不良）です。薬を飲んで体調不良になるのは本末転倒ですが、化学物質の投与は自律神経バランスには不要です。

高齢者ほど病院で「抗生剤（抗生物質、抗菌薬）を出して」といいますが、薬は飲めば飲むほど体内に耐性菌が発生し、どんどん効かなくなる上に体内のいい菌まで殺し始めます。よって免疫力が落ちます。

そもそも体質は人によって全く違うもの。だから万人に効く薬など、この世には存在しません。医師はその事実を認識しています。最近は雑誌やネットで「医師は風邪薬を飲まない」という情報が出ていますが、風邪を治すのが風邪薬なんかではないことを医師は知っています。

薬はあくまでも対症療法です。薬が体調不良を治すわけじゃありません。ウイルスを排除できるのは自分の免疫力だけです。

誤解されているかもしれませんが、くしゃみ、鼻水、咳、発熱、悪寒という症状は、人体の免疫システムが正常に稼働している証拠です。それはウイルスと免疫の交戦を示しており、出るべくして出た症状です。

だからそんな症状が出たらそれを排除するのではなく「体が闘っている、頑張れ！」と自分を応援すること。すぐに薬に走らないこと。

体調がおかしい、しんどいと感じたら、勉強だろうと家事だろうと仕事だろうと切り上げ、食欲があるなら消化のよいものを少し食べ、お風呂に入って早めに寝ること。十分な睡眠をとり汗を出せば、免疫システムが働き平常時に戻ります。

もっと自分の体の声に耳をかたむけてください。おかしいぞと異変に気づく感性を持ち、ふだんから自分の体に「ありがとう」と感謝すること。

自分は忙しい、時間に追われた生活をしている、よって体の異変に気づく余裕がない――、おかしな話です。忙しく生活できるのは自分の体あってこそ。命あっての物種《ものだね》ではありませんか？

食事、運動、睡眠についても、誰かがこう話していたとか、世に流布《るふ》される情報に寄りかかることなく、自分の体と相談する。体に聞き、自分の心に寄り添うことで免疫力は自ずと鍛えられます。

自分の体に興味と感謝の心を持つ。他人ではなく自分を信じてください。

咳や発熱はウイルスと闘っている証拠

自分の体の声に耳をすまそう

多くの健康情報は必要ない

新型コロナウイルスの影響もあり、大勢の方ができるだけ多くの健康情報を欲しがりますが、多くの健康情報は私たちに必要ありません。

誤解を怖れずにいえば、健康情報というのは知れば知るほど、その手の情報に関心を寄せて探せば探すほど、病気を引き寄せるかもしれません。

なぜか？　今の自分を否定するからです。今に感謝せず、今を否定し、別の自分（もっといい自分）に執着することで、ネガティブな思い、澱《よど》んだ気分、不安や心配といった否定的な感情ばかりを引き寄せるからです。

とくに都市部に住んでいる方々に、強く見られる傾向でしょう。

田舎に比べると便利で快適でハイテクな生活を堪能《たんのう》する一方、自分が病気になるのではないかと怯え、様々な健康情報（食品やサプリや健康法を含む）をあれやこれやと探し求める。その根底にあるのは「不安」です。

田舎（過疎地）に行って住民とふれ合う番組がありますが、あれを見ているとわかります。いかに田舎の人が元気かを。彼らは健康とか健康情報なんていうものに関心がないのかもしれません。あれこそ天然の元気です。

東京都の西部に檜原村《ひのはら》という都内唯一の村があります。ここの村民を取材したドキュメンタリーを前に見ましたが、「病気になったらどうしますか」と尋ねられて「考えたこともない」と屈託《くったく》なく笑う高齢者たちが印象的でした。

自分の中にないもの（考えないイメージ）は実現しようもないし、そういうエネルギーは引き寄せません。新型コロナウイルスに関しても、自分ができるだけのことをやれば、あとはいちいち関心を寄せないこと。

情報にはよくないもの、捏造《ねつぞう》されたものが混じります。健康情報を必死に探る時間があるなら、家庭菜園や草むしりでもやりませんか？

今のあなた自身を否定しない

病気になることはあえて考えない

医師に依存しない

一人の医師に依存しない。医師は神様でも仏様でもありません。セカンド・オピニオン（別の医師に意見を求める）を活用すればいい。

医師は国家試験に合格した医療の専門家ですが、全国に三〇万人くらい存在します。つまり多種多様です。

なにがいいたいかというと——。

教師や上司や友人と同様、医師にも「相性」があるということ。合う、合わないが、確実にあります。人によって全く違います。

つまり「エネルギーの相性」で左右されるということです。

いいかたがきついとか、やや嫌な感じがするとか、治療や診療を受ける際には患者に様々な心理が芽生えます。

ネガティブな感じを受ける、できればその病院に行きたくない、もしそう感じるなら、かからないほうがいいでしょう。医師のレベルが低いとか、そういうことをいいたいのではなく、エネルギーの相性です。

そういうときこそ、セカンド・オピニオン。

逆に、波長が合っているなと感じたら任せてみる。仮にも専門職として経験を重ねてきた人間です。診《み》てもらう側も覚悟を決める。

先ほど「一人の医師に依存しないでください」と述べましたが、もっと突っ込んでいえば「医師に依存しないでください」というのが私の本音です。

健康を維持するには医師の力よりも自分の体の声を聞き感謝し、労《いたわ》るほうが重要です。生活習慣病を治すには薬ではなく、生活そのものの見直しが必要なのです。

病院も医師もお手伝いをするだけ。そこは忘れないでいただきたいと思います。

気が進まない病院には行かない

薬ではなく、生活習慣から体を強くする

ダイエットも断食もしなくて大丈夫

ダイエットや断食はしなくても大丈夫です。糖質制限も普通の人には必要ないでしょう。

つまり、普通の体なら自分が食べたいものを適度に摂取すればいいだけです。〜しなければならない、という頭で考えただけの動機で行ったダイエットや断食がもとで、逆にリバウンドしてひどい目に遭う方もいます。

それよりも食事の心がまえと「内容」を見直すこと。重要なのはこちらです。拙著『長生きにこだわらない』（文響社）で詳述しましたが、私は素材の持つ天然のおいしさを損なわないために単純な調理を心がけています。

さらに、

①バランスよく食べる
②体に聞きながら、欲しているものを適度に食べる
③今日も食事ができることに感謝して食べる

重要なのはこの三つです。

糖質制限はメリットだけでなくデメリットのもたらす事象が、様々な調査データや研究論文として世界中で公表されています。

もちろん、心の底から「やりたい」という純粋な動機で行うダイエットや断食については、存分に楽しまれたらよいかと思います。

単純な調理法こそおいしい

健康な人には糖質制限はいらない

白米も肉も揚げ物も食べない

私はふだん白米も肉も揚げ物もほとんど食べません。卵は食べるのでヴィーガンではありません。私の「食の軸」は以下の通りです。

- 酵素玄米を食べる
- 野菜、果物、発酵食をバランスよく食べる
- 大豆製品、卵なども適度に食べる
- 肉類は食べない、アルコール類は摂取しない
- 揚げ物などや加工食品はあまり食べない
- 旬の素材を使い調理工程を減らして食べる

白砂糖、白米など、白い物、精白されたものはあまり食べません。理由は、なんとなく食べたいと思わないからです。摂取することで血糖値の上下動が激しくなるといわれていますが、そういう理屈のせいではありません。

私が酵素玄米を食するようになったのは健康のためではなく、某所で初めて食べたときにおいしさに感動したからです。

以前は普通の玄米を食べていましたが、二〇一二年に出合ってから酵素玄米を食べるようになりました。先ほどのダイエットの項目でいえば、②欲しているものを適度に食べる、に該当します。

基本は好きなものを適度に食べることですが、人間の体質は年齢とともに変化します。ホルモンのバランスが変わることも影響しています。

よって食事の好みが変化することもありますが、そのときは素直に体に従いましょう。あくまでもバランスよく、そして適度に食べること。

酵素玄米は
おいしいから食べる

好物を適度にバランスよく食べる

✳ 健康診断についての私見

健康診断とは国民健康保険を取り扱う自治体が地域住民に、あるいは事業所が従業員に実施することが義務づけられているものです。したがって、個々人にとって病気が早期に見つかってよかった、といった臨床現場の視点と、事業としての妥当性は分けて考える必要があります。

本書の短い一項目で、健康診断全般について万人に理解していただける説明をすることは無理なので、ここでは個人の視点で話したいと思います。

健康診断では、場合により本人が気づいていない病気が見つかることがあります。しかし、見つけるための手間がかかるだけではなく、CTや造影検査などでは放射線被曝《ひばく》の問題、さらには誤診・見落とし・過剰診断なども起こります。したがって、個人の視点でもリスク・ベネフィットは課題となります。

健康診断に頼るなら、早期発見の利点と今挙げた問題への理解との両方を受容することが必要です。いずれにしても健康診断に絶対の信頼を置いてよい、ということではありません。この世の中に絶対はありません。

後天的な病気は、私たちの生活の不調への気づきの機会でもあります。

私個人は、自覚症状がなければ、わざわざ健康診断を受けるつもりはありません。病気によっては自覚症状がないまま病勢が進むものもありますが、それはそうなったときと割り切り、日々健康に意識を向けることはありません。むしろ五感が鈍らないように日々心がけています。

また、朝起きたときに呼吸ができていることに感謝し、起き上がるときに無事に体が動くことに感謝し、食欲があって物をおいしく食べられることに感謝しています。

現実的には、健康診断受診は今のような義務あるいは推奨ではなく、本人の自由意思としたらよいかと思います。

これからは組織の構成員として皆同様に管理されるというあり方から、人生観や情報リテラシーの差などによって異なる個々人の意思と決定を尊重していく方向に切り替わっていくのが自然かと思います。

ただし口腔内環境（つまり歯科）は十分な検査をしてもらうこと。

内臓（中性脂肪とか腎機能とか肝機能）には関心を寄せても、口の中の変化には鈍い傾向があります。

歯は再生しないという事実をお忘れなく。

コレステロールは多少高くても大丈夫

内臓よりも歯の定期検診が必須

森林浴は体にいい

健康診断に熱心になるくらいなら、森林浴でもしましょう。

森林浴については木々から出るフィトンチッドなどの物質に癒しの効果があるので体にいいという研究者もいれば、科学的な効果は疑わしいし認められないという研究者もいます。意外と極端です。

私は森林浴には大きな効果があると思っています。

実は森林浴をすることで、がんを撲滅するNK細胞（ナチュラルキラー細胞）の活性力や抗がんタンパク質濃度が上昇することが、産官学が共同で発足させた森林セラピー研究会の調査で判明しています。

でも私が断言するのは、そこではありません。

森林浴には、自然回帰という大きなリフレッシュ効果があるのです。

「爽快感」

これがいかに重要か、人体にとっていかに有効に作用するかという点こそ実感することであり、森林浴をすることで私たちが爽快感を得られると、不毛な論争に終止符を打てます。

いかに気持ちいいか。

いかにリラックスできるか。

自然界に体を預けることで、それをたやすく実感できます。

森林浴といっても、大きな森や林に行かないといけないことはありません。

近所の公園でも十分に癒されます。自分の生活圏のすぐそばに存在することで、自然との「共生」を感じることができます。

共生を感じる――、これが共感の真髄かもしれませんね。

がんに効くＮＫ細胞を増やしてくれる

コロナウイルスも含め自然と共生しよう

年齢は忘れてしまう

年齢も忘れる。そんなものどうでもいいと思いませんか？

わざわざ意識する必要があるのでしょうか。

年齢のわりに若い、年齢のわりに老けている、年齢を意識した表現は様々にありますが、いずれも本質的でない表現としか感じません。

時間が堆積《たいせき》した結果、それが年齢です。

年齢自体になんの意味もありません。

約束を除いて時間は気にしないと前述しましたが、年齢が時間の堆積した結果なら、やはり気にしないのが一番。忘れてしまえばいいのです。

自分はいくつだからこれくらいでないとダメだとか、何歳だからこうでないといけないとか、そういう発想も思考も手放しましょう。執着しないことです。

長生きしたい、長寿を目指したいと願う人も多いようですが、人生で最も大切なのは、長生きでも年齢でもなく「いかに生きたか」ということ。

そのためには、もっと自分の体の声を聞き、もっと体に感謝する。

この二つができれば、他者を受け入れられるし他者に感謝できます。世の中にも世界にも地球にも宇宙にも、今以上に感謝できるでしょう。

体調をしっかりと感じてください。今日はどうかなと。

運動も、今日はこれができるかなと。やってみてキツいならやめる。もっといけそうなら少し増やす。決めたことを厳粛《げんしゅく》に守るのではなく、日々の中で匙《さじ》加減する。年齢は考えない。今の自分に集中し、今の自分を分析し、今を楽しむ。

年齢を忘れるというのは、誰かとの比較も忘れるということです。

比べて考えるのは承認欲求が強い証拠。人はそれぞれ違うわけで、違うことが個性です。平均寿命とか余命は忘れる。時間は神様ではありません。

長寿ではなく、どう生きたかを問う

年相応は、人と比べる古い価値観

健康診断の数値に一喜一憂しない

テレビや雑誌で目にする機会が増えた「健康の基準値」が気になる方も多いのではないでしょうか。BMI、HDLコレステロール、LDLコレステロール、中性脂肪、尿酸、γ-GTP、空腹時血糖、多くの項目があります。肥満度（Body Mass Index：BMI）、体脂肪率、血圧、心拍数、血液検査値、X線撮影・エコーやCT・MRIなどで使われる基準値について述べます。健常者の測定結果を集計すると平均値を中心に釣鐘状の曲線となります。上極と下極の各2・5%を除いた、健常者の95%が含まれる範囲を基準値としています。

さて、この数値ですが、人の生活の中での一点を取り上げたものです。日内変動・週内変動・さらに女性では性周期による変動など様々な変動があり、一定期間のトレンドを見ないと数値の意味づけができないものがあります。また、この数値は多くの人の平均ではありますが、性別（分けられていることが多くなりました）、年齢、体格など個々人の差に目をつぶった包括的なものです。

平穏時の血圧が基準値内でも、緊張により急上昇する人もいます。医師を前にすると血圧が跳ね上がる、俗に「白衣高血圧」といわれるものもその例です。血圧は、時期（季節・日内変動）、動脈の硬さや循環血液量により個人にとっての〝調子のよい〟値が変わってきます。つまり個々人の値を評価するには、経過を見てその人の性質・特性を知る必要があるのです。

前置きが長くなりました。実は、一般的な疾病である〝高血圧症〟でも、日本高血圧学会の「高血圧治療ガイドライン」というものがあるのですが、専門の循環器医の間では高血圧の捉え方や血圧以外のリスク要因の有無なども勘案するため治療の仕方にばらつきがあります。

ですので、ご自身の人生観や疾病への向き合い方を理解してくれる信頼できる医師に巡り合い、納得の上で治療に取り組まれたらよいかと思います。

生活習慣病をはじめとした慢性疾患の西洋医療的な治療は内科であれば薬物治療が主になりますので、必要最小限の投与をしてもらえることが望ましいのです。さらに、全人的な視点から食事・睡眠・仕事・対人関係までの生活習慣を考慮してもらえれば理想的です。

抗がん剤についても「万能薬はない」です。

ある種の病態（若年層の白血病、悪性リンパ腫の患者など）に対してある層の抗がん剤投与が早期に著効を示すことは知見として存在しますが、それがすべての状況に適用されるわけではなくて、投薬初期に効いても徐々に効かなくなる、副作用が激しくなる、そんな抗がん剤が多いのです。

年に一度の健康診断の数値に一喜一憂することなく、食事、運動、睡眠で自分の適正な環境を知り、ストレスを減らす。この生活が自身の基準値です。

信頼できる医師のもと
納得して治療に取り組む

自分の生活を見直すチャンス

グルコサミンやコラーゲンを飲まない

ＣＭや広告で頻繁に目にする、グルコサミンやコラーゲンのサプリメント。毎日のように飲んでいる方もいらっしゃるでしょう。

私は、この手のものは一切飲みません。

グルコサミンは山のように商品（健康食品）がありますが、その多くが効果の拠《よ》り所としていた著名な論文に疑義が存在することが判明しています。世界五大医学雑誌の一つである『ブリティッシュ・メディカル・ジャーナル』でもグルコサミンのサプリメントに効果なしという科学論文が掲載されました。

そこで共通する事実。それはこの手のサプリメントを飲んでも成分がそのまま血中を循環するわけではなく、分解された後に目的の箇所に届いて効果を示すのかどうかを明白にすることが困難だということ。関節痛にお悩みの方へと称する広告コピーは頻繁に目にしますが、関節までグルコサミンが確実に届いている事実については科学界では今もって証明されていません。

コラーゲンも同じ。そのまま飲んだところで、目的の箇所に届くわけではありません。体内で消化酵素によってアミノ酸にまで分解された後、それがどう再合成されるのか判然としないのが真相です。要するに作用機序《きじょ》（効果を及ぼす仕組み）がわからないし、効果というならプラセボ（偽薬）でしょう。

むしろ骨や関節や筋肉に対して「適度な負荷」を与えるほうが効果的です。痛いとじっとしがちですが、じっとしていると筋肉は衰え、関節は確実に固まります。なるだけ動かすほうがいい（無理に動かすのはダメ）。

筋トレもいいですが、もっといいのは「歩く」こと。外を歩くのもいいし、それが難しいなら生活の中でなるだけ歩く。サプリメントに頼らず、体に適度な負荷をかけることが一番です。

骨、関節、筋肉には負荷が必要

歩くに勝るサプリメントはない

手を当てると免疫力が上がる

子どもの頃から多くの方が経験していると思いますが、体に手を当ててもらうと免疫力が上がります。気持ちがいいです。どんな薬よりも効きます。気持ち（気分）の良し悪しというのは免疫力に影響します。手を当ててくれるのが身近で親しい人なら、なおさら免疫力は向上します。

そこには流れが関係します。体には血液以外に「気」というエネルギーが循環しています。気は大気中にも存在します（大気＝大きな気）。

気は肉眼では見えません。でも私たちが生きる上で重要なエネルギーであり、便宜上《べんぎじょう》、気と呼んでいます（気という漢字のつく言葉は多数あります）。

ただし「気は気です」という説明だと一般的にはちょっとわかりにくいという

ことで、私は「エネルギー」と呼んでいます。

無心で手を当てると、祈りのエネルギーが手を通じて体に流れ込みます。手を当てられて気持ちよかった経験が、皆さんにもありませんか？　欧米圏では「ハンドヒーリング」とか「エネルギーヒーリング」と呼び、臨床現場で実践する医療者もいます。

手を当てられた人も感謝の気持ちが湧《わ》きます。感謝のエネルギーは手を当てた人に伝わります。エネルギー交換だから手を当てると両者ともに気持ちが優しくなれます。その優しい気持ち（エネルギー）が広がれば広がるほど、患部は癒《いや》されます。すると体内の免疫機構が強まり回復が早まります。

つまり「痛いの、痛いの、飛んでいけ」は効果があるのです。

もちろん他の人だけでなく、自分の体にも手を当ててください。

洋服越しではなく、できれば直《じか》に当てること。手足、胴体、頭、様々な箇所に当ててください。自分も癒してあげましょう。

祈りのエネルギーが
体に流れ込む

術者も患者も優しい気持ちになれる

物忘れは気にしない

物忘れも気にしない。どんどん忘れて大丈夫です。

「最近、物忘れがひどくて。どうしよう?」と悩む気持ちはお察ししますが、そこで悩む必要はありません。

物忘れは「脳内の優先順位が変わる」とイメージしてください。

なにか新しいもの(知識、情報)を覚えたら少し前の古いものを思い出せなくなったとか、そんな経験があるはず。「なんだっけ?」と単語(言葉)が出なくなること、私もしょっちゅうです。

脳の記憶領域は想像以上に優秀で、一度覚えたはずの知識や情報が入っている(格納されている)ことは間違いありませんが、その情報を覚えた時期が古くなればなるほど、引き出すスピードが遅くなります。古い知識や情報は「ふれる機会（認知の回数）」が減るからです。

新しい知識や情報は、引き出すスピードが速くなります。

ただし時間的に古い知識や情報でも、しょっちゅうふれているようなものであれば脳内の引き出しスピードは速まります。

でも物忘れが怖い、嫌だという方には、イメージで覚える方法をお勧めしています。イメージ、つまり「なにか絵的なもの、画像のようなもの」で脳に焼きつける手法です。言語記憶ではなく、画像記憶を優先させる方法です。

悪いことばかりじゃありません。忘れることの効用もあります。

最新のことを覚える余地が生まれるし、嫌なことを思い出さなくて済みます。見たはずの映画や読んだはずの本にも、新鮮な気持ちで対面できます。

心配しなくても大丈夫。

脳は忘れても、魂は覚えていますから。

言語記憶よりイメージ・画像で覚える

脳内には膨大な引き出しがある

眠くなったら寝ればいい

睡眠についても論争がありましたが「ゴールデンタイムはない」という科学論文が海外で発表されて以来、今ではそう認知されています。

これまでは午後一一時から午前二時くらいが、睡眠のゴールデンタイムといわれました。この時間帯に寝れば美肌を作れるのだと、様々なメディアで医師らが語っていたのを多くの女性は覚えているのではないでしょうか？　ゴールデンタイムに寝れば美肌を作る成長ホルモンがたくさん出る、と信じられていたからです。

しかし若年者では一日のどの時間帯に寝ても、寝てから三時間くらいのノンレム睡眠中に成長ホルモンが出ることが判明しました。特定の時間帯ではなく「適度な睡眠時間と睡眠の質」が重要だったということです。

成長ホルモンは、体の成長を促す、内臓や筋肉や骨を修復する、免疫力を強化する、コレステロールを低下させるなど、重要なホルモンです。自律神経の片方である副交感神経が優位なときに分泌されます。

私自身は毎日、寝る時間がおおよそ決まっていますが、仕事の関係で夜間はずっと起きていて朝方からお昼頃までにかけて寝ているという人でも、睡眠中の成長ホルモンの分泌は少ないけれど、その分日中の成長ホルモンの分泌が増加したと報告されています。どうぞご安心ください。

逆に夜一〇時に寝て朝五時に起床するような人でも、ぐっすり眠れない人は成長ホルモンの出が悪くなります。だから睡眠の質を上げることが先決です。

そのためにも生活環境を見直す。極論すれば眠くなったら寝るという方法でもいいのです。体の声を聞き、自分に最適なバイオリズムを探すこと。

ちなみにこの成長ホルモン。適度な空腹感や適度な運動で、分泌率を上げることができます。起きている間もできることがあります。

成長ホルモンをしっかり分泌させる

生活のリズムを整え、　睡眠の質を上げる

成熟しても老化はしない

「成熟しても老化はしない」というのが私の持論です。

老化は意識の問題です。いくつになったから老化する、といったような年齢的なもの（時間的なもの）ではありません。若年層でも老化している人は大勢いますし、高齢層には老化と無縁の元気な人が大勢います。

「年齢なんてどうでもいい」と先に述べましたが、老化についても自分が老化したと思えば老化であり、老化していないと思えば老化ではありません。

すべては意識のなせるわざです。

年を取ると老けるもの、年齢を重ねると衰えるもの。そんな思い込み（潜在意識）が強いほど確実にそうなります。散々、そういう人を見ました。

それは「イメージの法則」だと思います。良くも悪くも自分の中で生まれたイメージはエネルギーを持ち、現実化する強さがあるのです。

とはいうものの、年々、体に不具合が生じます。長い年月、散々使ってきたわけですから、ある程度の不具合は仕方ありません。

大事なのは、そこに意識を集中しないこと。

「ああ、体が思うように動かない。老化だ」

これで片づけないこと。

適度な運動で体に負荷をかける、不自由を楽しむ――、これまで本書で述べてきましたが、そう意識を変えることが大切です。

体がしんどいなら、まず体に感謝する。すべての現実を受け入れる。

その上で、体の使い方を変えること。中高年は若いときと同じように動こうとしますが、若いときと同じように動けなくていい。動けるわけがない。

むしろ効率よく動くこと。成熟とは、そういうことです。

あるがまま、不自由さを楽しむ

若いときと同じに動けなくていい

潮時を大切にする

なんでもそうですが、都合のいいところであきらめましょう。

あきらめる——、私の口癖です。

現役の医師だった当時にそういうことを著書に書いたら、医師のくせになにをいうのかと批判されたこともありました。

あきらめるとは「明らかに見極める」こと。

これが私の解釈です。私もこれまでの人生でいくつもあきらめました。やるだけやったらパッと終止符を打つ。心配しなくても、あるとき「よし、もういい」と思う瞬間が来ます。

医療において求め続けることは、果たして正義でしょうか？

生存可能数値が下がる（悪くなる）、延命に次ぐ延命で患者も家族も疲弊する。それでも、どんな形だろうと生かし続けることが医療の正義というなら、私は最初からその枠組みの中に存在しなかったことになります。

医療に限りません。あきらめる場面は人生のあちこちで発生します。受験、就職、恋愛、結婚、転職、家族、出世、起業。こだわるから、頑張ろうとするから意欲が湧きますが、こだわるから、頑張ろうとするから辛さが生まれます。そのこだわりや頑張りは別の場所でも活かせるはず。

頑張っているからこそわかる潮時《しおどき》を大切にしましょう。

「これだけやった、もういいかな」そう自分を解放しましょう。解放してあげるとストレスが消えます。医療でいえば症状が改善されることがあります。

先述しましたが、体はエネルギーの循環で成り立っています。だからどんな状況でもなるだけ楽しく過ごすこと。そして適度なあきらめも、お忘れなく。

こだわるから辛くなる

あきらめ、自分を解放すると
ストレスが消える

附章

すべては
あの世から
始まる

あの世の受容なくして医療問題の解決なし

さて、本書のテーマに照らすと、そろそろあの世や魂や輪廻転生についても理解することが必要でしょう。これらはフェイクニュースではなく実在します。私自身、これまで自著で観測気球的にふれるような感じでした。でもこれからは避けることなく語ります。令和二年はそういうタイミングだと思います。

私が在籍した医療の世界では、あの世の存在を理解する人（医師）がほとんどいませんでした。一般の方のほうが割合としては多いでしょう。仮に診療中に超常現象に出くわしても、なにも見なかったことにするくらいです。

デビュー作『人は死なない』（バジリコ）で書いた医療現場での不可思議な話はすべて事実ですが、それ以上の情報が医療現場には存在します。

でもそれらの情報を出すことを、現場スタッフは憚《はばか》ります。なぜか？　頭がおかしい、常識のないおかしな奴、などと噂されるからです。噂には尾鰭《おひれ》がつきます。自分が親しい人や周囲の協力的な人までが変人扱いされると迷惑がかかります。

本来、科学の世界に身を置く人は、自分が見たものや体験したことを冷静に受け止めるべき立場にありますが、体験者である医療人（とくに医師）の大半は否定に終始します。自分の知識外にある現象を認めたくないのでしょう。

これが日本の医療界、ひいては科学界が持つ「意識の壁」です。

ですが、あの世や魂や輪廻転生を理解しなければ、医療問題は解決しません。現在の医療はうわべを撫《な》でているだけ。この世界の真実がわからないと解決しようがありません。それにはまず、あの世という存在を認知すること。

ではあの世とは？　どこにあるのか？

そう尋ねられたら、どこか遠くにあると答えるのは間違いです。そうではなく

「自分がいる同じ空間で違う次元に存在する」と答えます。

次元とはなにか？　それは、空間の持つ性質とか、その広がりを測る指標みたいなものだと考えてください（漠然としたイメージで大丈夫）。

多次元、多次元世界、そんな言葉を耳にしたことはあるでしょうか？

これは「次元の異なる世界の集合体」を意味します。異次元といえばわかりやすいでしょうか？　物理学の世界（とくに量子論）では多元宇宙という言葉が使われており、海外では著名な科学論文が多数発表されています。

ハーバード大学の物理学分野で女性初の終身教授となったリサ・ランドールさんは、一九九八年にＭＩＴ（マサチューセッツ工科大学）で素粒子の共同研究中の実験において高次元世界（五次元世界）の存在に出くわしました。

著書が世界的なベストセラーとなったので、名前をご存じの方もいらっしゃるでしょう。最先端科学の世界で、高次元や異次元が認知され始めています。

『人は死なない』から始まった探求

同じ空間に存在する異次元の不思議

霊視は肉体を介さずにものを見る能力

私たちが住んでいるのは三次元（縦・横・奥行き）と呼ばれる世界ですが、それとは別に、もっと高い次元の世界（五次元とか七次元）が存在します。

こうした次元の違う多くの世界が重なり合っている状態が、私たちのすぐ目の前にある空間ということになります。ではなぜ、そうした高い次元の世界が一部の人たちだけには見えるかというと、そういう人たちは肉体を介さずに直接魂で高次元のものを見ることができるからです。

波動は粒子《りゅうし》の確率的な束です。素麺《そうめん》の一本一本が粒子、束が波動。粒子は世界のすべてを構成する小さな存在で肉眼では見えません。三次元には三次元の粒子、四次元や五次元にはそれぞれの世界を構成する粒子があり、粒子の性質、つまり波動の性質が違うために、私たちには高い次元の世界が見えません（波動という言葉はわかりにくいので「気」と同様にエネルギーと表現します）。

人間は亡くなると魂が肉体から乖離《かいり》して次元が上がり、見えなくなる（魂のみになる）のですが、なにか理由があって意識がこの世に残ってしまうと、意識の持つ粗《あら》いエネルギーが物質化して見えてしまう。これがお化けです。こういうケースは、私たちの世界の次元に近いエネルギーだから見えるのです。

逆にあの世と呼ばれる場所は、精妙なエネルギーの世界ですから見えません。

しかしあの世は、どこか遠くではなく私たちのすぐそばにあります。想いは亡くなった人に届くという言葉がありますが、想いというのはエネルギーで、それがテレパシーのように次元を超えて移動すると考えられます。

さて、あの世と並んで登場するキーワード。それが魂です。

魂は私たちの本体（本質）であり、三次元という粗いエネルギーの世界で生きるための道具が肉体です。わかりやすくいえば、車の運転手が魂、車が肉体。耐用年数まで丁寧に運転しましょう。

魂という存在は医療界のみならず人類の多数が現在も否定しますが、江戸時代までは普通に受け止めていたようです。

魂という存在によって、私たちはあの世とこの世を往来しています。往来の様態は人によって違いますが、その往来が輪廻転生と呼ばれます。私は「生き通し」とも呼んでいます。

ではなぜ、輪廻転生があるのか？

個別で見れば、魂が学ぶべき体験を会得《えとく》するための往来であり、これは課題の解消、あるいは業《ごう》（カルマ）の解消といわれます。全体で見れば、統合意識（ワンネスと呼ばれる大きな存在）が成長するための作業といわれます。

輪廻転生には「学習と成長」という目的があると想像できます。

あの世は私たちのすぐ近くにある

肉体は三次元の世界で生きるための道具

人間を創造したのは知的生命体

輪廻転生のルールの一つに「記憶の消去」があります。

あの世での記憶があると、この世での学びに支障をきたすからです。あらかじめすべての問題と答えを知っているテストに意味がないのと同じこと。

前世、つまり魂が以前のどこかの生で経験した古い記憶が残っていると、今世（今回の人生）には不都合なので消されます。

ただ、ごく稀《まれ》に生まれつき前世記憶が残っている、なにかの拍子に古い時代の記憶を思い出してしまう、そんな人がいます。

実は私にも前世記憶があります。

断っておきますが、前世記憶があるから特別とか前世記憶がないから特別でないということはありません。前世記憶があるから、今世の課題解消に役に立つこともありません。単なる古い記憶です。

では人間とはなんなのか？　そんな疑問が湧きますが、人間は「地球外の知的生命体」が作った知的産物です。

人間を創造した地球外の知的生命体もさらに上位の知的生命体によって創造され、そのまた上にさらなる知的生命体が存在する、そんな構図です。宇宙というのはミルフィーユみたいな構造だと私は考えています。

本来私たちは無意識レベルで高次元世界と交流することさえ可能です。そういう潜在能力（キャパシティ）があるのが、人間という生命体なのです。

あなたには前世の記憶がありますか?

私たちは高次元世界と交流できる

AIと輪廻転生の共通点

この三〇年間ほどの科学界を見ていると、多くの学者が脳科学というテーマに取り組む一方、あの世や多次元（異次元）、あるいは魂や輪廻転生といった「存在の究極テーマ」に挑む研究者がほぼいないという事実がよくわかります。

ところで人類は、AI（人工知能）、クラウドコンピューティング、ロボティクスといった最先端の仕組みに熱中していますが、この仕組み、あの世や魂や輪廻転生という仕組みと、どこか似ていませんか？

サーバと呼ばれる巨大なデジタルセンターには、膨大なデータが集まります。デジタルという世界を創造するプログラムには、DNAや遺伝子としての役割があります。プログラムは人間の機能レベルを象徴するかのようです。

ＰＣやスマホなどの情報端末は肉体としての位置づけで、魂としてのデータを外部メモリで出し入れできます。端末は古くなったり壊れたりしたら買い換えますが、データは移動可能。まさに輪廻転生です。

巨大なデータセンターは統合意識（ワンネスと呼ばれる）を彷彿《ほうふつ》させます。こうした情報（メモリデータ）と端末の関係は魂と肉体の関係そっくりです。

話題のロボティクスはＡＩと連動しています。ロボット本体は人間の肉体と同様の位置づけですが、ＡＩは魂、そしてワンネスであり、将来的にはあの世、つまり高次元という位置づけになるかもしれません。

まるで私たち人間が、かつて私たちのひな形を設計・開発した創造主と同じ作業に挑んでいるように見えませんか？

あたりまえ、世間常識、そんな狭い世界観を捨てると、私たちの脳はもっと上のステージへと進み、結果として魂の経験値が上がります。人間にはそれだけの潜在能力があるのです。

データの移動こそ輪廻転生

人間の潜在能力は無限大

生と死はエネルギーの往復

人間は死ぬと抜け殻《がら》になります。

魂が抜けると肉体は二度と稼働しません。これが肉体死です。

死ねば肉体の腐敗が始まります。微生物や酵素が腐敗を促進します。肉体を燃やすと骨が残ります。

宗教ではお骨と呼んで祀《まつ》りますが、そこに魂はありません。魂と呼ばれるエネルギー体は、死んでしばらくすると私たちが元いた次元（故郷）へと帰還します。

そして、いつかどこかの肉体に魂として再び宿ります。そんな行ったり来たりの繰り返しが輪廻転生であり、これが私たち人間の真実です。

この世とあの世の関係は「エネルギーの交流」だったのです。

脳や臓器や筋肉や骨格を構成、運営しているのはそれぞれ個別のエネルギーであり、そのおかげで私たちは動けます。魂と呼ばれるエネルギーは、そうした肉体の個別のエネルギーをとりまとめるボスキャラ的な存在です。一人ひとりの人間は個別かつ全体としてのエネルギーを帯びて生きており、人間が群れ集《つど》うこの世界は、エネルギーの集合体として構築されています。

そんなエネルギーが次元（時空）を超えて交流するのが生と死です。

この生と死に際して行なわれる「時空を超えるエネルギーの往復」こそ、何度もふれている輪廻転生と呼ばれる現象なのです。

「私たちはエネルギーの塊《かたまり》であり、エネルギーによって生きている。エネルギーの交換と交流は、次元を超え、時空を超え、永遠に続く」

この世で経験したこと、素晴らしい思い出、嫌な記憶、そのときに感じたもの、泣いて笑って怒って寂しがって迷って決断した、その感情のすべてがエネルギーです。エネルギーに善悪は存在しません。

人間の魂が永遠に続く理由

エネルギーに、善悪はない

恐怖の伝染に加担しない

健康情報に執着する人ほど、病気になる可能性が上がると先述しました。

病気になることが不幸だというわけではありません。そこで初めて、自分の体に感謝することもあるからです。命の大切さを知ることにつながります。

とはいうものの、病気にならないほうが快適でしょう。

そう考えると健康だの不健康だのと執着するのは、やめたほうがいいというのが私の結論です。執着からは不安や恐怖しか生まれません。

以前、ある獣医がこんなことを話していました。

「心配性の飼い主のペットほど病気になる」

犬や猫などのペットはいつも飼い主の身近にいます。だから飼い主のエネルギーを正面から受けてしまうのでしょう。ペットに限りません。むしろ人間同士はもっと強くエネルギーを受けます。

乱れた粗いエネルギーは広く伝染します。

ウイルス同様に人から人へ軽々と伝播《でんぱ》します。ポジティブなこともネガティブなこともイメージが実現するのは、個人が描くイメージがエネルギーの塊だからです。

ちなみにネガティブなイメージのほうが、実現しやすいのも事実です。

エネルギーの伝染、イメージの実現ですが、健康にも影響します。

病気を怖れる余りに健康情報を探そうとすればするほど、その怖れるエネルギーが周囲へと伝染し、大勢の人がその不安なエネルギーに同調します。大勢が同調するとネガティブなイメージが実現しやすくなり、世の中が変化します。

今や生活には欠かせないSNSですが、SNSには「恐怖を伝染させる温床《おんしょう》」という一面もあり、十分な注意が必要です。

だからこそ、健康とか不健康とかいう意識を消せばいい。

年齢なんてどうでもいいと先述しましたが、体に異変でも起きない限り（そのときは医療機関に相談）、自分オリジナルの生活リズムで好きに生きればいい。

たとえ不安な気持ちを煽《あお》るような情報が自分の元に、それこそ洪水のように流れてこようとも「そうですか」と受け流せばいい。そこに同調しないことです。

明日も今日と同じというあたりまえの考えを捨て、今この瞬間を大事にする。嫌なエネルギーを遮断《しゃだん》し、気持ちいいエネルギーを取り入れる。

この世で起きることはエネルギーの交換の結果です。もちろんどのエネルギーと交流するかは自分次第です。

どう考え、どう生きるか？　すべては自分に決定権があるのです。

悪いイメージは実現しやすい

コロナ終息のためにも、いたずらに怖れないこと

おわりに

本来なら二〇二〇年は、東京五輪という大型イベントが世界を席巻《せっけん》するはずでしたが、五輪を含むすべてが新型コロナウイルスにかき消されました。筋書きにないことが起きると、人間は大いに戸惑い、正常な判断力を失います。

しかしこういう体験をすると確実に強くなります。経験値が上がるので恐怖に対する処し方がわかり、数多《あまた》の風評に流されないようになります。

様々な事実もわかり始めました。ウイルスの変異のこと、医療の供給体制のこと、検査方法のこと、免疫や遺伝子のこと、炎症作用のこと、専門用語の一般への伝播のこと、資源流通のこと、衛生レベルや予防接種のこと、情報発信のこと、行動制限のこと、生活習慣のこと、各国の取り組みのこと、地勢的要因のこと、心の耐性のこと、経済面のこと、政府と自治体の連携のこと、行きすぎたグローバル化のこと。

思い込みや勘違いもあったし、発見もあったでしょう。なにが足りなかったかも見えたはず。今日と同じ明日が訪れるわけではないこと、変わる覚悟も必要だということ、様々なことが理解できたのではないでしょうか。

私は「はじめに」で、学習・覚悟・無常、この三点を強調しました。

人生はこの三つがとても重要で、この三つさえ忘れなければ、先でなにが起きようとも乗り越えていけるからです。「ねばならない精神」を捨てればいい。

日本人には、高い衛生意識、日本食の抗酸化能力、万物への感謝、謙虚なふるまい、そして和心があります。世界が日本に注目するのは一万年以上も前からこうした特性を生み出した民族だからです。だから私たちはやるべきことをやったら、もう余計な心配はしない。ストレスを溜めないことが一番の免疫です。

最後までお読みいただき、ありがとうございました。時代はこれから大きく変化します。皆さん、今この瞬間を楽しみ、変化を楽しみましょう。

矢作直樹

装幀　石川直美（カメガイ デザイン オフィス）
DTP　美創
協力　瀬知洋司

著者プロフィール

矢作直樹

（やはぎ・なおき）

1956年、神奈川県生まれ。81年金沢大学医学部卒業。82年富山医科薬科大学の助手となり、83年国立循環器病センターのレジデントになる。同センターの外科系集中治療科医師、医長を経て、99年東京大学大学院新領域創成科学研究科環境学専攻教授兼工学部精密機械工学科教授。2001年より東京大学大学院医学系研究科救急医学分野教授および医学部附属病院救急部・集中治療部部長となり、15年にわたり東大病院の総合救急診療体制の確立に尽力する。16年3月に任期満了退任。著書に『おかげさまで生きる』『見守られて生きる』『動じないで生きる』（以上、幻冬舎）、『人は死なない』（バジリコ）、『悩まない』（ダイヤモンド社）、『天皇の国 譲位に想う』（青林堂）、『身軽に生きる』（海竜社）、『自分を休ませる練習』（文響社）、『ご縁とお役目』（ワニブックス）などがある。

「ねばならない」を捨てて生きる

2020年7月20日　第1刷発行
2020年8月10日　第2刷発行

著　者　矢作直樹
発行人　見城 徹
編集人　福島広司
編集者　鈴木恵美

発行所　株式会社 幻冬舎
〒151-0051　東京都渋谷区千駄ヶ谷4-9-7
電話　03(5411)6211(編集)
03(5411)6222(営業)
振替　00120-8-767643
印刷・製本所　株式会社 光邦

検印廃止

ISBN978-4-344-03645-1　C0095
幻冬舎ホームページアドレス　https://www.gentosha.co.jp/

この本に関するご意見・ご感想をメールでお寄せいただく場合は、
comment@gentosha.co.jpまで。